ENCUENTROS

A_tope.com

CUADERNO
DE EJERCICIOS

ALLGEMEINBILDENDE SCHULEN

Mit Lösungsheft

Cornelsen

A_tope.com
Spanischlehrwerk für Spätbeginner
Cuaderno de ejercicios
Allgemeinbildende Schulen

Im Auftrag des Verlages erarbeitet von
Katja Zerck und Martin Drüeke

und der Redaktion Fremdsprachen in der Schule:
Matthias Nusser und Ana Calle Fernández
Projektleitung: Heike Malinowski
Bildredaktion: Sabrina Battaglini
Redaktionelle Assistenz: Sabine Arnold, Roxana Carmona
und Yvonne Miller

Gesamtgestaltung und technische Umsetzung: graphitecture book, Rosenheim
Umschlaggestaltung: Regelindis Westphal, Berlin
Illustration: Joaquín González Dorao, Madrid
Umschlagfoto: © shutterstock

Symbole und Verweise

- 00 Hörverstehen
- Sprachmittlung
- DELE Diploma de Español como Lengua Extranjera
- Grammatik
- Hinweis
- Landeskunde
- G/13 Verweis auf die Grammatik im Anhang
- Verweis auf das Methodentraining im Anhang

www.cornelsen.de

1. Auflage, 2. Druck 2010

Druck: CS-Druck CornelsenStürtz, Berlin

ISBN 978-3-464-20540-2

Inhalt gedruckt auf säurefreiem Papier aus nachhaltiger Forstwirtschaft.

UNIDAD 1 ¡HOLA Y BIENVENIDOS!

COMPRENSIÓN AUDITIVA

VAMOS **1** 2 **Escucha los diálogos y completa la tabla. | Höre die drei Dialoge und fülle die Tabelle aus.**

	Habla con...	Es de...	Habla... / Estudia...
Carmen		Granada	
Lucía			inglés y polaco
Fran			
Chema			
Teresa			
Andrés			
Simón			

PASO 2 **2** 3 **Escucha, después presenta a estas personas. | Höre zu und stelle die Personen vor.**

¿Cómo se llama/n? ¿Dónde vive/n? ¿Qué lenguas[1] habla/n y aprende/n?
¿De dónde es/son? ¿Trabaja/n o estudia/n?

1 **qué lenguas** welche Sprachen

____
____
____
____

____
____
____
____

PASO 3 **3** 4 **Escucha y contesta: ¿Qué toman Pablo y Laura? | Höre zu und beantworte die Frage: Was bestellen Pablo und Laura?**

Pablo ______________________________
______________________________.

Laura ______________________________
______________________________.

Konzentriere dich beim Hören auf das, was du verstehst, und nicht auf das, was du nicht verstehst.

→ Selektives Hörverstehen, S. 184

PASO 3 **4** **a) Welche der unbekannten Wörter auf dieser Internetseite kannst du verstehen? Erstelle eine Tabelle wie im Beispiel unten.**

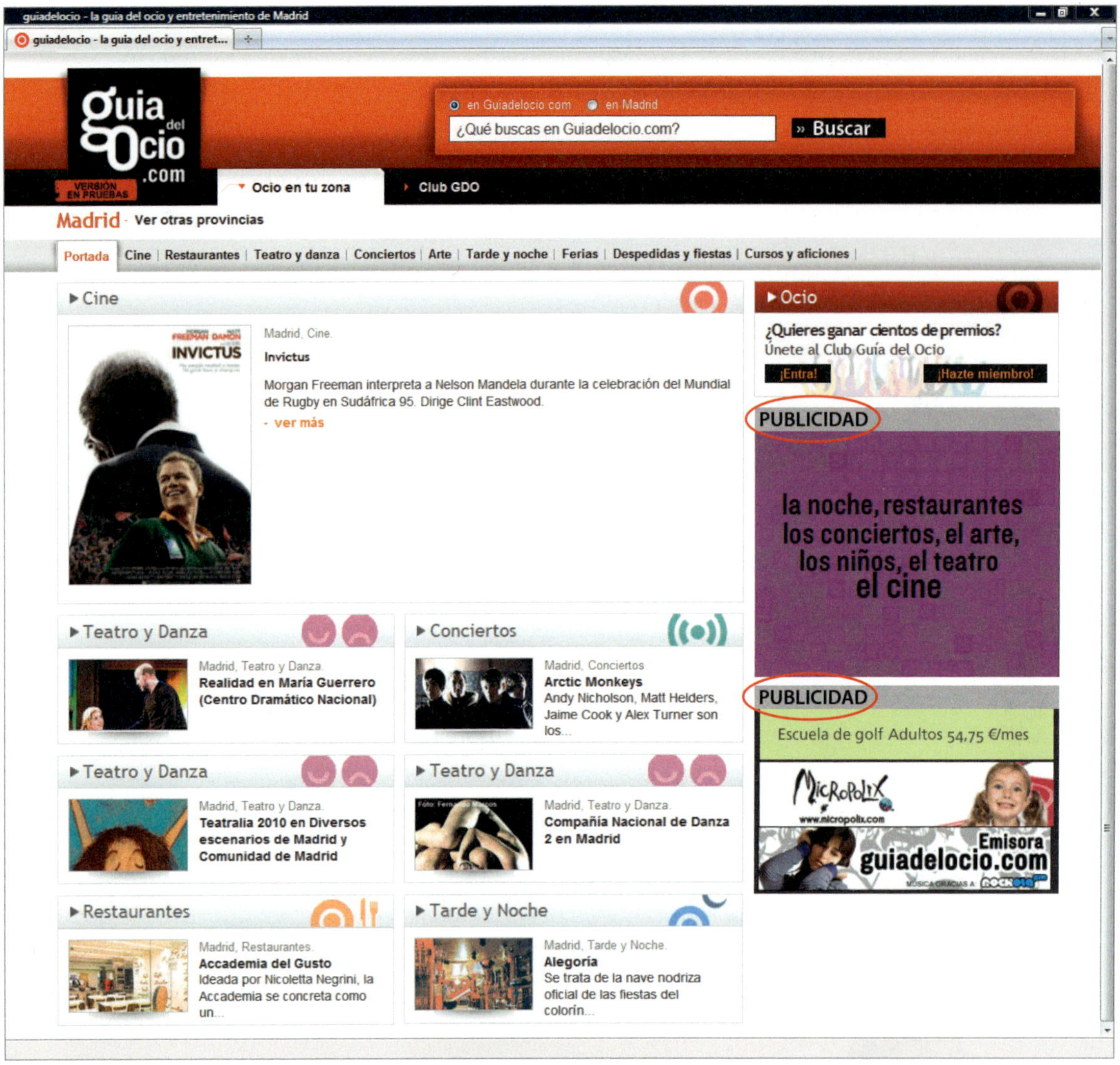

Wort im Text	andere Fremdsprache	Deutsch
cine	Engl.: cinema; Franz.: cinéma, ciné	Kino

b) Beantworte die Fragen.

1. Was ist das für eine Internetseite?
2. Zu welchen Themen gibt es Informationen/Links?
3. Was heißt „Suchen" auf Spanisch?
4. Was bedeutet „PUBLICIDAD"?

→ Wörter erschließen, S. 180

c) Gehe auf die Internetseite „www.guiadelocio.com" und suche dort ein aktuelles Konzert, das dich interessiert.

ENCUENTROS

A_tope.com

CUADERNO
DE EJERCICIOS

ALLGEMEINBILDENDE SCHULEN

Lösungsheft

Cornelsen

UNIDAD 1 ¡HOLA Y BIENVENIDOS!

1

	Habla con...	Es de...	Habla... / Estudia...
Carmen	Simón	Granada	francés y turco
Lucía	Chema	Salamanca	inglés y polaco
Fran	Teresa	Valencia	alemán
Chema	Lucía	Santiago de Compostela	inglés y francés
Teresa	Fran	Alicante	ruso
Andrés			
Simón	Carmen	Málaga	italiano

2

1. Se llama Marco Fernández. Es de España. Vive y trabaja en Berlín. Habla español y alemán y aprende inglés.
2. Se llaman Mariana y Rafael. Son de México. Viven en Barcelona. Hablan un poco de inglés. Marina estudia en el instituto y Rafael trabaja en una cafetería.

3

1. Pablo toma un café con leche y un bocadillo de queso.
2. Laura toma un zumo de naranja y una pizza.

4

a) Musterlösung: cine → E: cinema; F: cinéma, ciné → Kino // provincia → E: province; F: province → Provinz // zona → E: zone; F: zone → Bereich // club → E: club; F: club → Klub // restaurante → E: restaurant; F: restaurant → Restaurant // teatro → E: theatre; F: théâtre → Theater // danza → E: dance; F: danse → Tanz // concierto → E: concert; F: concert → Konzert // arte → E: art; F: art → Kunst // tarde → F: tard → spät // curso → E: course; F: cours → Kurs // publicidad → E: publicity; F: publicité → Werbung // entrar → E: enter; F: entrer → eintreten // miembro → E: member; F: membre → Mitglied // adulto → E: adult; F: adulte → Erwachsener // realidad → E: reality; F: réalité → Realität // escenario → E: scene; F: scène → Bühne // comunidad → E: community; F: communité → Gemeinde // oficial → E: official; F: officiel → offiziell

b) 1. Die Internetseite präsentiert Freizeitmöglichkeiten (in Madrid). - 2. Es gibt Informationen zu Kultur am Tag und in der Nacht (Kino, Theater, Tanz, Konzerte, Kunst), zu Gastronomie, zu Feiertagen. - 3. buscar - 4. Werbung

c) Individuelle Lösung

6

a)

1. Se llama Pablo. Estudia en el instituto «Lope de Vega» de Madrid.
2. Es Ana. Es de España, de Sevilla. No habla alemán pero habla un poco de inglés.
3. Se llama Laura. Es una amiga de Pablo. Estudia en el instituto «Lope de Vega».
4. Es Miguel. Es de Ciudad de México y estudia en el instituto «Lope de Vega».

b) Me llamo Maxi. Soy de Berlín, de Alemania. Estudio en el instituto «Alexander von Humboldt».

7 **Musterlösung:**

Laura: ¡Hola! ¿Qué tal?
Pablo: Muy bien. ¿Y tú? ¿Cómo estás?
Laura: Regular.

Miguel: Oye, ¿tomamos algo?
Laura: Muy bien, ¿qué tomáis?
Miguel: Yo, un zumo de naranja.
Pablo: Pues yo tomo un café.
Laura: Yo también tomo un zumo de naranja.
Miguel: ¿Y para comer?
Laura: Yo, un bocadillo de jamón.
Pablo: Yo, un cruasán y un bocadillo de queso. ¿Y tú, Miguel?
Miguel: Pues yo tomo una pizza.

Laura: Oye, ¿qué es...?
Pablo: Es un texto para la clase de inglés. Aprendemos inglés.
Miguel: Yo no comprendo el texto. ¿Y tú?
Pablo: Comprendo un poco.

8
1. Miguel y Pablo no trabajan (trabajar). Estudian (estudiar) juntos.
2. **Pablo:** Miguel, ¿hablas (hablar) francés?
   Miguel: No, no hablo (hablar) francés, pero un poco de inglés.
3. Laura y Ana charlan (charlar) con los amigos en la plaza.
4. **Un chico:** Chicas, ¿también estudiáis (estudiar) o ya trabajáis (trabajar)?
   Ana: No, no trabajamos (trabajar). Yo estudio (estudiar) en la universidad y Laura estudia (estudiar) en el instituto.
5. Miguel habla (hablar) con un amigo de México.
6. **Una chica:** Ana, ¿dónde estudias (estudiar)?
   Ana: Aquí en Madrid.

9
1. - ¿De dónde eres? - Soy de México.
2. - Ellos son Laura y Pablo. - ¡Bienvenidos!
3. - Hola, chicas. ¿Sois de aquí? - No, somos de Sevilla.
4. - ¿Quién es ella? - Es la hermana de Ana.

10 **a)**
1. No, no es de México, es de España.
2. No, no soy de Espana, soy de Alemania.
3. No, no estudia en Sevilla, estudia en Madrid.
4. No, no hablo polaco, hablo alemán.
5. No, no me llamo Antonia, me llamo...
6. No, no habla alemán, habla un poco de inglés.
7. No, no trabajamos, estudiamos.
8. No, no estudio en el instituto «Lope de Vega», estudio en el instituto...

b) nicht → No soy de España. - kein → No hablo polaco.

11 charlan - soy - es - estudias - trabajas - trabajo. Estudio - estudio - Somos - es - Es - habla - habla - es - sois- somos - soy - es -habláis -hablamos

12 **a)**

10 el camarero	12 la silla	3 el bocadillo	9 la clienta
8 la camarera	7 el plato	6 el café	5 el periódico
1 la mesa	11 el vaso	2 el cliente	4 el zumo de naranja

b) las mesas - los clientes - los bocadillos - los zumos de naranja - los periódicos - los cafés - los platos - las camareras - las clientas - los camareros - los vasos - las sillas

13
beber - un zumo - un café
leer - un periódico - un libro
comer - un bocadillo - un cruasán
escribir - un texto - un e-mail
vivir - en México - en Madrid
comprender - italiano - un texto

14
1. Los amigos de Pablo viven en Madrid.
2. Sara aprende alemán.
3. Raúl y yo comemos juntos en la cafetería.
4. No hablo francés pero comprendo un poco.
5. **Pablo:** «Chicas, escribís los textos para la clase de alemán?»
6. Miguel bebe un zumo de naranja.
7. Y tú, ¿dónde lees los libros? ¿En la cafetería o en el instituto?

15 1. Ellos/Ellas/Ustedes – 2. Yo – 3. Tú – 4. Nosotros/-as – 5. Él/Ella/Usted – 6. Vosotros/-as

16 **a)**
1. – ¿De dónde es Pablo? – Es de Madrid.
2. – ¿Cómo te llamas? – Me llamo Michael.
3. – ¿Quién es Teresa? – Es la hermana de Ana.
4. – ¿Dónde vives? – Vivo en Hamburgo.
5. – ¿Quiénes son Ana y Pablo? – Son los amigos de Miguel.
6. – ¿Qué tal? – Bien.
7. – ¿De dónde eres, Javier? – Soy de Sevilla.
8. – ¿Qué escribes? – Escribo un texto para la clase de inglés.

b) Musterlösung:
¿Dónde estudia Laura?
¿De dónde es Miguel?
¿Cómo se llama la hermana de Ana?
¿Qué toma Teresa en la cafetería?
¿Quién es Pablo?

17 En una fiesta, Ana, Laura y Pablo charlan, toman algo y bailan.
Ana: Oye Pablo, ¿siempre hablas español en casa?
Pablo: Mi padre y yo siempre hablamos español, sí. Pero con mi madre hablo español y también alemán. Ella es de Alemania, de Berlín.
Ana: Laura, tú aprendes alemán en el instituto, ¿verdad?
Laura: Pues sí, aprendo alemán, pero es muy difícil. Y en el instituto siempre escribimos muchos textos...
Pablo: ¿Tomáis algo más, chicas?
Ana: Sí, yo una coca-cola.
Laura: Yo también.
Laura: Hola, chicos.
Miguel: Hola. Ella es Julia, una amiga.
Ana: Hola. ¿Qué tal?
Julia: Bien, gracias. Vosotros estudiáis también en el instituto «Lope de Vega»?
Ana: Yo no. Estudio en la universidad. Pero Pablo y Laura sí.
Pablo: Julia, ¿de dónde eres?
Julia: Soy de Alemania, pero ahora estudio/vivo aquí.
Ana: ¿De Alemania? La madre de Pablo también es de Alemania.
Julia: ¿De verdad? Y tú, ¿hablas alemán también?
Pablo: Ja. Ganz gut sogar.
Ana: Je, je, ¿comprendes, Laura?
Laura: Pues, un poco.
Julia: El alemán es difícil.
Laura: ¡Sí!

UNIDAD 2 LA FAMILIA Y LOS AMIGOS

1 1. teresa.ro@terra.es - 2. 41006 Sevilla - 3. Teléfono: 94 45 36 28 7 - 4. Plaza Chica, 5 - 5. Gloria Vidal Pérez

2

	richtig	falsch	nicht im Text
1. Miguel es estudiante en el instituto «Canalejas».	☐	☑	☐
2. Vive cerca del instituto.	☐	☑	☐
3. Hay una estación de metro cerca de su casa.	☑	☐	☐
4. Dos de sus compañeros son de Barcelona y dos son de Sevilla.	☐	☑	☐
5. Uno de sus compañeros se llama Jordi.	☐	☐	☑
6. María tiene diecisiete años y es de Barcelona.	☑	☐	☐
7. Ella tiene una hermana en Costa Rica.	☑	☐	☐

3 1. Vive con su novia.
2. Vive con su hija y sus nietos.
3. Vive con sus padres, su hermana y su prima.
4. Vive con tres estudiantes.

4 **a)** El texto trata de la comunicación en Internet: de *facebook*, de e-mails...

b) comunicarse - enviar e-mails, fotos, textos y cartas - intercambiar ideas, vídeos o música con amigos en todo el mundo - interactuar con la familia y con amigos - conocer gente - jugar al ajedrez - actualizan sus fotos, comentan su vida o lo que pasa en el mundo, invitan a amigos a tomar algo por la nochex

c) Individuelle Lösung

5 **a)** Das Hotel bietet Klimaanlage, Satelliten-Fernsehen, Aufzug, Bar, Geldwechsel, Garten, Parkplatz, Restaurant, Konferenzraum. Man kann dort mit Kreditkarte zahlen. Das Hotel ist 100 km vom nächsten Flughafen entfernt, 40 km von der nächsten Bahnstation, 2 km vom Strand. Es gibt einen Safe, Zimmer mit Doppelbett oder Ehebett, Einzelzimmer, Minibar, Telefon und Fernseher. Außerdem gibt es ein Schwimmbad.

b) El hotel está en África, cerca del Estrecho de Gibraltar, en Ceuta.

8 **Musterlösung:** ¡Hola! Me llamo Lukas. Soy de Múnich. Tengo 17 años. Vivo en Múnich con mis padres y mis hermanos Paul y Thomas. Soy alumno de bachillerato en el instituto «Louise Schroeder». Mis aficiones son el fútbol, tocar la batería y nadar.

9 **a)**

Javier Martínez Villar ∞ Laura Fernández García

Blanca Nadal García ∞ Pablo Martínez Fernández

Teresa Martínez Fernández ∞ Ramón López Martín

- Marco Martínez Nadal
- Ana Martínez Nadal
- Isabel Martínez Nadal
- Emilio Martínez Nadal
- Rafael Martínez Nadal

José López Martínez

b) Me llamo Marco. Tengo 19 años. Tengo dos hermanas y dos hermanos. Mis hermanos se llaman Rafael y Emilio. Tienen 14 y 12 años. Sus aficiones son el fútbol y leer. Mi hermana Isabel tiene 16 años. Sus aficiones son nadar, chatear y bailar salsa. Mi hermana mayor, Ana, tiene 28 años. Ella vive con su novio. Sus aficiones son cocinar y cantar. Mis padres se llaman Blanca y Pablo. Los dos tienen 50 años. Sus aficiones son montar a caballo y tomar fotos de la familia. Mi padre tiene una hermana. Se llama Teresa. Mi tío se llama Ramón. Ramón y Teresa tienen un hijo, es mi primo José. Él tiene 7 años. Sus aficiones son pintar y cantar. Mis abuelos se llaman Javier y Laura. Javier tiene 77 años y Laura tiene 75 años. Sus aficiones son el tenis y la familia.

10 **a)** ruidosa - moderna - grande - fantástica - pequeña - antigua - bonita - fea - interesante - aburrida

b) Es una ciudad grande y muy ruidosa. Hay un hotel moderno y una universidad antigua. La discoteca es muy fea, pero la plaza es bonita. Es una ciudad interesante.

11 hay - están - estamos - estás - estoy - estáis - Estamos - Hay - hay -está - están - hay - está - está - hay

12 1. del - 2. de las - 3. de los - 4. de la - 5. del - 6. de la - 7. del - 8. de las; de la

13 1. su - 2. tus; Mis - 3. tu; Mi - 4. vuestra; nuestra - 5. Mi - 6. Sus - 7. nuestro; Nuestros - 8. sus - 9. vuestros - 10. Mi

14

yo	quiero	pienso	tengo	puedo	vuelvo
tú	quieres	piensas	tienes	puedes	vuelves
él/ella/usted	quiere	piensa	tiene	puede	vuelve
nosotros/-as	queremos	pensamos	tenemos	podemos	volvemos
vosotros/-as	queréis	pensáis	tenéis	podéis	volvéis
ellos/ellas/ustedes	quieren	piensan	tienen	pueden	vuelven

15 1. Quieres; quiere; tengo; quiero; tengo que - 2. pensáis; Pensamos, tenemos que - 3. Tienes; tienen que; tengo que; 4. queréis; tenemos; 5. Tienes; tengo

16 1. Suena el móvil de Laura.
2. «Hoy no puedo quedar. Mis padres vuelven por la noche.»
3. «¡Laura! ¡En clase no puedes hablar con tus amigos por móvil!»
4. «¿Puedes leer el texto, por favor?»

17 1. piensa - 2. quiere - 3. vuelve - 4. Tengo - 5. Jugáis - 6. puedo - 7. tiene - 8. juegan - 9. Tienes; Podemos - 10. Pensamos - 11. Volvéis - 12 Queréis - 13. suenan

18 **a)**
1. - ¿Cuántos chicos hay en tu clase?
2. - ¿Cuántas chicas hay en tu clase?
3. - ¿Cuántos alumnos hay en tu clase?
4. - ¿Cuántos profesores tenéis?
5. - ¿Cuántas unidades tiene tu libro de español?

b) Musterlösung:
1. - ¿Cuántos primos tienes?
2. - ¿Cuántas bibliotecas hay en tu ciudad?
3. - ¿Cuántos años tienes?

19 **a)** 1. beziehen sich auf Verb: Adverb - 2. beziehen sich auf Nomen: Adjektiv

b) 1. muchos - 2. muchas; pocas - 3. mucho - 4. Muchos - 5. mucho - 6. Mucha - 7. mucho - 8. pocas - 9. poco - 10. mucho

20 **a)** grande - moderna - pequeña - bonita - tranquila - confortable - nuevos - simpáticos - divertido - inteligente - guapas - amables - diferente - difícil - difíciles - favorita - interesante - fáciles - geniales - favorito - joven - elegante - seria - fantástica - pequeño - guapa

d) súper - total, super; la lengua - die Sprache; la mujer - die Frau; la asignatura - das Fach (in der Schule); la capital - die Hauptstadt; las matemáticas - Mathe; la química - Chemie; la suerte - das Glück; P.D. - P.S.

UNIDAD 3 EL DÍA A DÍA

1

diálogo	¿Qué día es hoy?	¿A qué hora empieza ___ / quedan?	¿Cuándo abre ___?	¿Qué empieza/abre?
1	viernes	a las 8 y media		la clase
2	martes	a las 9 en punto		el partido de fútbol
3	miércoles		desde las 10 hasta las 12 de la noche	el videoclub
4	lunes	a las 10 y media		un concierto
5	viernes	a las 9 y media	a las 9	la piscina

3 **a)** ☐ del instituto. – ☑ de la hora de la película. – ☑ de películas. – ☐ de sus padres. – ☑ del cine. – ☑ de los exámenes. – ☐ de sus problemas. – ☐ de música.

b) 1. Es sábado. – 2. Quieren ver una película española – 3. Van a ver una película con Penélope Cruz. – 4. Van a ver la película en el Cinebox Parque Corredor. – 5. Van en metro. – 6. Ven la película a las seis y cuarto.

4 **b)** 1. z. B.: tve2: Teledeporte, Juegos Paralímpicos, Programa tarde premier, Baloncesto Liga, Magazine Champions League; Canal+: El día del fútbol, Fútbol
2. z. B.: tve1: Telediario matinal, Los desayunos de TVE, España directo, Telediario, La noche en 24 horas
3. z. B.: Canal+: Cine «The Spirit», Cine «El truco»

6 **Musterlösung:** El lunes, Miguel juega al fútbol desde las seis hasta las ocho de la noche. El martes, está en el bar «Limón» con Pablo a las cinco y media de la tarde. El miércoles estudia con Enrique desde las tres y cuarto hasta las cuatro y cuarto de la tarde. El jueves llama a sus abuelos a las once de la noche. El viernes está en el cine con Laura, Ana y Pablo a las ocho menos cuarto de la noche. El sábado hay una fiesta en el instituto a las diez de la noche. Y el domingo está en la piscina a las nueve y media de la mañana.

7 **Musterlösung:** Se levanta siempre muy temprano, a las cinco y cuarto de la mañana. Primero desayuna un café con leche, unas galletas y un zumo de naranja. Después se ducha. Siempre tiene mucha prisa y casi siempre tiene que correr para coger el autobús de las seis y media. A las siete tiene que estar en el aeropuerto. Al mediodía come un bocadillo. Trabaja hasta las siete de la tarde y por la noche, a veces, toma algo con sus amigos en un restaurante. Al final se acuesta y lee un libro hasta las nueve y cuarto.

8 **Musterlösung:** El camarero se levanta a las diez de la mañana. Primero se ducha y desayuna. Después coge el autobús a las once. Tiene que estar en el restaurante a las once y media. Al mediodía tiene que trabajar, pero come en el restaurante por la tarde. Tiene que trabajar hasta las doce de la noche. Al final llega a casa a la una de la mañana, ve un poco la tele y se acuesta. También tiene que trabajar los fines de semana, pero no trabaja los lunes.

9
1. Son las ocho menos nueve de la tarde.
2. Son las nueve y veintitrés de la mañana.
3. Son las diez y media de la mañana.
4. Son las doce menos veintidós de la noche.
5. Son las diez y dieciséis de la mañana.
6. Es la una y once.
7. Son las dos menos cuatro minutos de la tarde.
8. Son las dos en punto.
9 Son las doce y veintiséis de la noche.
10. Es la una y catorce de la tarde.

10 el día ≠ la noche – Por la noche me acuesto temprano.
levantarse ≠ acostarse – Me levanto bastante temprano.
abrir ≠ cerrar – La biblioteca cierra a las nueve.
también ≠ tampoco – Laura lee un libro y esucha música también.
temprano ≠ tarde – Laura se acuesta temprano.

11 es – Es – trabaja – tiene – Se levanta – Come – bebe – se ducha – lee – se lleva – comen – se queja – chatea – navega – Se queda – ven – se acuesta

12 **Laura:** vas — **Padre:** Voy - vienes — **Laura:** Vengo - voy - ir — **Padre:** van — **Laura:** viene — **Laura:** viene — **Laura:** Vamos — **Padre:** voy

13
1. ¿Cuándo vienen tus amigos?
2. ¿Vas mañana a la fiesta de Pablo?
3. Marta siempre va al trabajo en autobús.
4. Hoy por la noche voy a tu casa.

14
1. Laura se levanta muy temprano porque a las nueve en punto tiene que estar en la empresa «Arroba».
2. Laura a veces llega tarde a la oficina porque el autobús llega tarde.
3. La jefa de Laura se enfada a veces porque Laura llega tarde a la oficina.
4. Laura no se queja porque el trabajo es interesante, los compañeros de trabajo son simpáticos y se lleva muy bien con ellos.

3

15 ø - ø - ø - ø - ø - a -ø - ø - a - a - ø

16 1. a los - 2. la - 3. al - 4. ø - 5. ø - 6. a - 7. al

17

Laura	Ana
¿Cuándo quedamos esta semana?	Esta semana no puedo, tengo mis prácticas.
Pero no tienes prácticas por la noche. ¿Qué tal el lunes a las ocho?	No, el lunes por la noche voy a estudiar para el examen de Empresariales.
¿Y el martes?	Tampoco, el martes voy a la clase de salsa desde las 7 hasta las 9 de la noche.
¿Y qué tal el miércoles?	No, el miércoles voy a cocinar y cenar con los compañeros de piso.
¿Y el jueves?	Tampoco, el jueves voy a ir a una fiesta en la oficina con los compañeros de trabajo.
¿Y qué tal el viernes?	Pues, el viernes va a llegar Silvia de Sevilla.
¿Y el sábado?	¡Sí! El sábado puedo.
¡Qué bien! ¿Entonces a las ocho en el bar «Limón»?	No, prefiero ir a al cine.
Vale, entonces quedamos a las ocho en la entrada del Cinebox.	

18 salgo - hago - pongo - salimos - haces - sales - hace - salís - salimos

UNIDAD 4 ¿TE GUSTA?

1 **a)** 1. Carmen: ir al cine – 2. Javi: escuchar cedés, escuchar la radio, ver la tele – 3. Maite: pintar, tomar fotos, ir a bares o discotecas – 4. Andrés: jugar al baloncesto, nadar, esquiar – 5. Sara: hacer cosas con el ordenador, conciertos de hip hop

b)
1. A Carmen le gustan mucho las comedias pero no le gustan nada las películas de acción.
2. A Javi le gusta mucho escuchar cedés y escuchar la radio pero no le gusta ver la tele.
3. A Maite le gusta pintar y tomar fotos pero no le gusta mucho ir a bares o discotecas.
4. A Andrés le gusta jugar al baloncesto y nadar. Le gusta bastante esquiar.
5. A Sara le gusta hacer cosas con el ordenador y le gusta mucho navegar en Internet. Le gustan también los conciertos de hip hop.

2 **David:** es alto, tiene el pelo castaño, tiene los ojos marrones, es un poco gordo, lleva gafas, es tranquilo, es divertido
Iliana: es baja, muy guapa, tiene el pelo negro, tiene los ojos verdes, es bastante seria

3 1. einen Monat oder 2 Wochen – 2. 8 – 3. A1 (iniciación) bis C2 (superior) – 4. 4 – 5. 1.408 Euro – 6. Preisnachlass – 7. B2, C1 und C2 – 8. individuelle Lösung – 9. Das Sprachniveau wird ermittelt. – 10. ein Spachzertifikat

5 **Musterlösung:**
Miguel: Chicas, ¿entramos en esta tienda de ropa?
Ana: ¿Por qué no? Yo necesito unos vaqueros.
Laura: Mira, Ana, ¿qué te parece esta falda rosa?
Ana: Pues, no me gusta mucho. ¿Por qué no te pones esa falda verde?
Laura: ¿Cuál? ¿Esa?
Ana: Sí, sí. El color es bonito.
Laura: Sí, a mí también me gusta. Aver cómo me queda...
Miguel: Esta falda verde me parece un poco ajustada, ¿no? A ver... ¿Por qué no te pruebas esta talla?
Laura: Pues a mí, me encanta. ¡Gracias Miguel!
Miguel: Eh, chicas, ¿os gusta esta chaqueta marrón?
Ana: A mí me parece un poco ajustada.
Laura: ¡No! Va muy bien con tus vaqueros.
Miguel: ¿Te parece? Pues, ¡perfecto! ¡Gracias!
Laura: Esta falda verde, me la voy a poner mañana.
Ana: Y yo me voy a comprar estos vaqueros azules...

6 **Musterlösung:** Este chico se llama Carlos. Es alto y delgado y tiene el pelo rubio. Es muy guapo. Lleva una camiseta marrón y vaqueros azules. Le gusta tocar la guitarra y escuchar música. Parece muy simpático y alegre. Estudia en el instituto «Miguel Delibes» pero también trabaja en un café. El fin de semana va al cine y hace mucho deporte. Con sus amigos le gusta también ir a conciertos y a fiestas.

7 **a)** 1. está escuchando – 2. están navegando – 3. está escribiendo – 4. está preparando – 5. están pensando – 6. está leyendo – 7. está bebiendo – 8. está trabajando – 9. está haciendo; 10. está comiendo

b) estás haciendo - estoy escuchando - están estudiando - está hablando - está haciendo - están corriendo - estáis comiendo - estáis trabajando - están poniendo - estamos leyendo

8 **Sara:** Hola, soy Sara. Hoy estoy haciendo una entrevista para saber qué les gusta a los chicos y chicas del instituto. ¿Cómo os llamáis?
Marta: Hola, yo me llamo Marta.
Elena: Y yo me llamo Elena.
Sara: Bien. Y a vosotras, ¿qué os gusta?
Marta: A mí me gusta mucho ir al cine. Me gustan mucho las comedias románticas. Y también me gusta/encanta escuchar música y leer. Me gustan mucho las novelas de Isabel Allende. Y también me gusta/encanta ir a museos.
Sara: Y a ti, Elena, ¿qué te gusta a ti?
Elena: A mí me gusta/encanta jugar al baloncesto. También me gusta/encanta ir al cine, pero no me gustan las comedias románticas, me gustan/encantan las películas de acción. Y me gusta/encanta leer, me gustan mucho los libros de Arturo Pérez Reverte.
Sara: ¿Y (a vosotras) os gusta ir al instituto?
Elena: Bueno... Sí... A nosotras nos gusta el instituto, pero los exámenes no nos gustan mucho.
Sara: Gracias, chicas. ¿Alguna cosa más? ¿Algo que no os gusta nada?
Elena: A mí no me gusta nada ir de compras, ¡es muy aburrido!
Marta: Y a mí no me gusta nada el fútbol.
Sara: ¿Y a los chicos? ¿Qué les gusta y qué no les gusta?
Elena: Bueno, a los chicos les gustan mucho los deportes, a Miguel le gustan/encantan el fútbol y el baloncesto. Y a Pablo le gusta/encanta también leer y le gusta mucho la música.
Marta: ¡Y a los chicos no les gustan nada los deberes!

9 das - decimos - dan - dicen - decís - doy - da - digo - dices - dais - damos - dais

10 1. Qué; Cuál; qué - 2. Qué; Cuál - 3. Qué; cuál - 4. Cuál; qué - 5. Cuáles

11 1. Estas; esas - 2. Estos; esos - 3. esta; esa - 4. Este; ese

12 2. Laura está leyendo un libro que es muy interesante. - 3. Nosotras estamos viendo una película que es de acción. - 4. Laura trabaja en una empresa que es de informática. - 5. Tengo unos pantalones nuevos que son rojos y que me gustan mucho.

13 **a)** 1. Soy; soy; Soy; estoy - 2. soy; Soy; soy; estoy - 3. es; está - 4. es; está

b) Musterlösung: Manuel es un chico joven, alto y guapo. Es muy inteligente y simpático. Hoy está serio porque tiene un examen.
Lisa es una chica alta y un poco gorda. Es muy tranquila, pero hoy está nerviosa porque tiene una fiesta.

14 1. Esta mujer es Pepa Alonso García. Es de Salamanca, de España. Es pelirroja y baja. Es muy inteligente y divertida. Es actriz. Hoy está bastante nerviosa porque sus amigos van a verla trabajar en un teatro en Madrid. - 2. Este señor es Jorge Baeza Fernández. Es de Quito, de Ecuador. Es rubio y alto. También es divertido y serio. Es profesor de francés en el instituto. Hoy está un poco triste porque no tiene clase.

UNIDAD 5 EN MADRID

1 a)

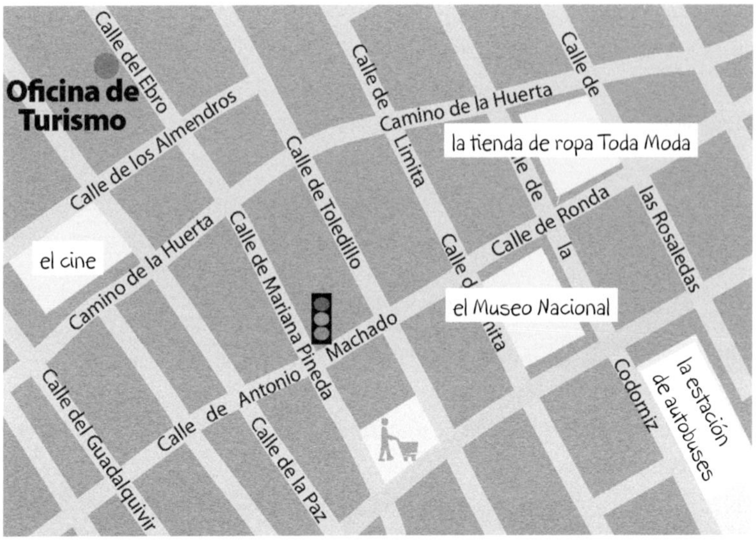

b) la calle de Sevilla

2

pan	x	dos barras	manzanas	x	un kilo y medio
mantequilla			plátanos	x	6
maíz	x	una lata	jamón	x	300 gramos
café	x	un paquete	aceite de oliva	x	una botella
tomates			queso manchego	x	medio kilo
naranjas	x	tres kilos			

3

	Anuncio 1	Anuncio 2	Anuncio 3
¿Para cuándo buscan?	para julio	para el próximo curso	para ahora
¿Cuánto cuesta la habitación?	250 euros + 50 euros gastos + 3 meses de fianza (750 euros)	165 euros al mes + luz	250 euros
¿Dónde está el piso?	cerca de la estación de metro Ibiza	en C/ Calatrava 17, Ciudad Real	en Teatinos, junto a la Ciudad de la Justicia
¿Qué persona buscan?	una chica	chico o chica	chico o chica ordenado y limpio, no fumador
¿Cómo se llaman los compañeros?	Graciela Tamara	Ester Damian	¿?

4 **a) consumir**: *D* konsumieren, (*Verb*) → konsumieren – **el consumo:** *D* Konsum, *S* consumir (*Nomen*) → Konsum – **el comprador:** *S* comprar, (*Nomen*) → Käufer – **energético/-a:** *D* energetisch, energisch, *E* energy, (*Adjektiv*) → energetisch – **la fruta:** *E* fruit, (*Nomen*) → Frucht – **el mineral:** *D* Mineral, *E* mineral, (*Nomen*) → Gestein, Mineral – **la ocasión:** *E* occasion, (*Nomen*) → Gelegenheit – **la preferencia:** *D* präferieren, *E* preference, *S* preferir, (*Verb*) → bevorzugen – **preferido/-a:** *S* preferir, preferencia, (*Adjektiv*) Lieblings- – **la vitamina:** *D* Vitamin, (*Nomen*) → Vitamin

b)

diario/-a	x	*E:* diary	día	Adjektiv	täglich
la pieza	x	*E:* piece		Nomen	Stück
aumentar	x	*F:* augmenter		Verb	ansteigen
la piña		*E:* pineapple		Nomen	Ananas
la impulsora	x	*D:* Impuls		Nomen	treibende Kraft, Initiatorin
el iniciador	x	*D:* Initiator		Nomen	Initiator
el sexo	x	*E:* sex, *F:* sexe		Nomen	Geschlecht
el alimento	x	*D:* Alimente, *E:* aliment, *F:* aliment		Nomen	Lebensmittel
el invierno	x			Nomen	Winter

c) 1. Los españoles comen más naranjas que plátanos. – 2. Los españoles comen dos piezas de fruta al día. Los gallegos y catalanes comen menos fruta que los valencianos y asturianos. – 3. A las mujeres les gusta la piña más que a los hombres. A los hombres les gusta el plátano más que a las mujeres. – 4. Los españoles compran fruta una a dos veces a la semana. – 5. Normalmente las madres compran la fruta. – 6. La gente come más fruta en verano que en invierno.

5

5
1. Perdona, ¿para ir a la estación de autobuses? – Está cerca del parque. Vas todo recto hasta el primer semáforo. Allí giras a la derecha y vas todo recto. Giras en la segunda calle a la izquierda, entonces vas todo recto y giras en la primera calle a la derecha. Después sigues todo recto y giras en la primera calle a la izquierda. Vas todo recto y ya está la estación a la derecha.
2. Por favor, ¿para ir a un supermercado? – Vas todo recto hasta el primer semáforo. Allí giras a la derecha y vas todo recto. En el semáforo giras a la derecha y vas todo recto. Después giras en la segunda calle a la izquierda y sigues todo recto. Hay un supermercado a la izquierda.
3. ¿Me puede decir dónde hay un banco por aquí cerca? – Sí, claro. Primero vas todo recto y giras en la primera calle a la izquierda. Sigues todo recto hasta la primera calle a la derecha. Allí giras a la derecha y sigues todo recto. Después giras en la tercera calle a la izquierda. El banco ya está a la derecha.
4. ¿La Plaza Nueva, por favor? – Vas todo recto hasta el primer semáforo. Allí giras a la derecha y vas todo recto. En el semáforo giras a la izquierda y vas todo recto. Ya está la Plaza Nueva.

7 **Musterlösung:**

Hola, Patricia:

¿Qué tal? La próxima semana ya voy a estar en Madrid, ¡qué pasada! Mira, ¿por qué no vamos a un concierto o al teatro? El 24 de abril es la noche de cadena 100, ¿verdad? Y en el teatro Infanta Isabel podemos ver *Tonta ella, tonto él*. También podemos ir al Rastro para comprar nuevas gafas de sol. Y quiero ir al Museo del Prado porque me interesa el arte. Por la noche podemos ir a un bar en el barrio de Malasaña.Y por la mañana tomamos chocolate con churros, ¿vale? ¡Besos!

8 En el piso hay tres habitaciones: dos dormitorios y un salón. También tiene cocina y baño. La primera puerta a la derecha es la cocina. Enfrente está el primer dormitorio. Al lado de este dormitorio está el baño. Enfrente del baño está el salón. Hay televisión y una pequeña terraza. Al final del pasillo está el segundo dormitorio.

9 1. postales; recuerdos - 2. entradas; Estadio; caras - 3. descansar; artistas - 4. buscas; última; tiendas - 5. perfecto; ojo - mochila; carteristas - 6. encuentras; bares; alternativo - 7. interesa; arte; cuadros; famosos; pintores

10 1c tenéis que - 2d podéis - 3e podéis - 4a tenéis que - 5b podéis

11 **Las** ves - **las** veo - **las** tienes - **te** necesita - **La** puedes - **me** necesita - **lo** sé - **Lo** entiendo - **os** necesita - **nos** necesita - **lo** ve - **Te** comprendo - **la** llamo

12 ¿Y dónde pongo el escritorio? - Pues lo pones al lado de la puerta. - ¿Y dónde pongo la silla? - La pones delante del escritorio. - ¿Y dónde pongo el armario? - Lo pones entre el escritorio y la cama. - ¿Y dónde pongo el cuadro? - Lo pones encima del escritorio. - ¿Y dónde pongo los libros? - Los pones en el armario. - ¿Y dónde pongo los cedés? - Los pones en el escritorio. - ¿Y dónde pongo el ordenador? - Lo pones en el escritorio también. - ¿Y dónde pongo la radio? - La pones en el escritorio también, detrás de los cedés.

13 1. sigue; sigo - 2. dicen - 3. repiten; repetís - 4. sigues - 5. dices - 6. decís - 7. repite - 8. repito

14 1. menos cara que; más interesante que - 2. tan famoso como - 3. más moderno que - 4. tan barata como; más aburrido que - 5. menos ruidoso que - 6. más caros que

15 1. más alto - 2. menos interesante - 3. más divertida - 4. más famosa - 5. menos aburrido - 6. menos famoso - 7. mejor - 8. peor - 9. mejor

UNIDAD 6 ¡BIENVENIDOS A MEXICO!

1 a)

b)

Eva: se quedó en Alicante, hizo excursiones, fue a Madrid con su hermana, entró al Prado, fue al campo, montó al caballo, fue a las discotecas

Rafael: fue a México con su primo Adrián y su amiga Lisa, fui a la Ciudad de México y viajó por el sur de México, comió muchos tacos, entró en el museo de Frida Kahlo, fue a la costa del Caribe

2 Billete y Reserva

Orígen: Alicante	asiento: 5A	Hora de Salida: 11 h 15
Fecha de salida: sábado, 23/03/11	Destino: Valencia	precio: 18,60 euros

3 1. f: Jorge empezó a trabajar de taxista a los 19 años. - 2. c - 3. f: Jorge siempre llevó a su hija a la escuela. - 4. c - 5. f: El lunes por la tarde Jorge encontró a su madre en la calle. - 6. f: Los martes los taxis viejos que tienen placa con terminación 8 no circulan en la Ciudad de México. - 7. ? - 8. f: Esta semana Jorge ya sacó[1] 630 pesotes.

1 *en Espana:* ha sacado

5 ¡Hola chicos! ¿Cómo estáis? El mes de julio estuve en México. Lo pasé superbién: hicimos muchas excursiones. Aquí tenéis las fotos...

Llegamos a Ciudad de México el 3 de julio. Primero visitamos la ciudad y el museo de Frida Kahlo que está en la Casa Azul. Por la tarde comimos tacos de pescado y bebimos agua fresca de limón. Por la noche, muchas veces, fuimos a la discoteca donde, un día, hubo una fiesta de espuma, ¡qué pasada!

Después de nuestra visita de la ciudad fuimos a las pirámides de Teotihuacan. Subimos y tomamos muchas fotos de allí.

Al final pasamos unos días cerca del río de Los Pescados. Allí no hicimos rafting pero hicimos una excursión a caballo...

¡Qué aventura!

6

6 1. Hace - 2. En - 3. En - 4. hace - 5. en - 6. Desde - 7. Desde hace

7 2. (tú) fundaste - 3. (yo) nací - 4. (tú) luchaste - 5. (nosotros/-as) perdimos - 6. (tú) comiste - 7. (vosotros/-as) escribisteis - 8. (nosotros/-as) tomamos - 9. (él/ella) aprendió - 10. (vosotros/-as) firmasteis - 11. (ellos/-as) perdieron - 12. (ellos/-as) gobernaron

8 1. salieron; llegó; llamó; empezó - 2. nació; Estudió; viajó; llegó; trabajó; conquistó

9

ser/ir	tener	poder	estar	hacer	dar
fui	tuve	pude	estuve	hice	di
fuiste	tuviste	pudiste	estuviste	hiciste	diste
fue	tuvo	pudo	estuvo	hizo	dio
fuimos	tuvimos	pudimos	estuvimos	hicimos	dimos
fuisteis	tuvisteis	pudisteis	estuvisteis	hicisteis	disteis
fueron	tuvieron	pudieron	estuvieron	hicieron	dieron

10
1. ¿Dónde estuvisteis Susana y tú el domingo pasado?
2. El domingo pasado Susana y yo estuvimos en el Museo de Frida Kahlo.
3. En el 2000 Inés y Eugenio vivieron en Ciudad de México.
4. El fin de semana pasado Clara y Mercedes fueron al Parque Ecológico.
5. El mes pasado viajé por todo México.

6. Y tú, ¿fuiste a la discoteca ayer?
7. El lunes pasado visité a mis abuelos.
8. Ayer por la noche mi abuelo habló del terremoto.
9. El domingo pasado mi primo nos recibió en el aeropuerto.

11 **Musterlösung:**

1. te levantaste - Me levanté a las ocho.
2. hiciste - Aprendí español.
3. comiste - Sí, comí solo.
4. fue - Fue a las tres de la tarde.
5. Viste - No, no vi nada en la tele.
6. te fuiste - Me fui a la cama a las diez de la noche.

12 **a)**

1. ¿Dónde estuviste?
2. ¿Cuántas semanas pasaste allí?
3. ¿Te gustó?
4. ¿Qué visitaste?
5. ¿Qué comiste?

b) Musterlösung:

1. ¿A quién conociste? - Conocí a una chica de Francia.
2. ¿Qué hiciste por la noche? - Por la noche salí con mi hermana.

13 porque - Cuando - donde - sin embargo - pero - aunque - Como - Pero

UNIDAD 7 ¿A QUÉ TE QUIERES DEDICAR?

1

	¿Qué profesión?	¿Por qué?	¿Por qué no?
Sergio	peluquero	- es creativo - le gustaría trabajar con las manos - ya no quiere ir al instituto	- piensa que es una profesión para chicas
Araceli	actriz	- sabe bailar y cantar - es activa y deportista - le gusta actuar	- sus padres dicen que es una profesión sin futuro
Marco	músico	- toca la guitarra en un grupo de música	- es difícil encontrar trabajo
	informático	- le gusta trabajar con su ordenador, escribe programas, etc. - le gustaría estudiar en la universidad - los informáticos ganan bien - es una profesión con futuro	- trabajan mucho, muchas horas extra

2 1. profesora - 2. camarera - 3. taxista - 4. piloto - 5. médica - 6. veterinaria - 7. futbolista - 8. mecánico

3 1. en una tienda - 2. en la clase - 3. en la cafetería - 4. en el aeropuerto - 5. en el cine - 6. en una boda

4 **a)** Algunos jóvenes quieren dejar los estudios proque ya no quieren ir al instituto, porque quieren ganar dinero, porque prefieren trabajar con las manos...

b) «Porque necesito dinero» - «No se me da bien estudiar» - «Me aburro en el colegio».

c) 3 - 2 - 4 - 1

d)
1. Wenn dir die Idee durch den Kopf schwirrt, zu ...
2. ... überdenke es noch einmal.
3. ... bringt viel mehr Nachteile als Vorteile.
4. ... die Prozentzahl der Jugendlichen, die die Schule abbrechen, liegt bei ungefähr 31 %...
5. ... eine Zahl, die als alarmierend angesehen wird.
6. ... sie wollen etwas Geld verdienen, um dringende Wünsche zu befriedigen ...
7. ... aber es ist nicht alles Gold, was glänzt.
8. ... je früher man die Schule verlässt, desto geringer werden die Möglichkeiten sein sich zu entwickeln.
9. Ein Jugendlicher, der als Hilfsarbeiter anfängt, wird dies mit Sicherheit auch sein Leben lang bleiben.

e)
1. son chicos. - vive en las costas y en las islas. - son de las comunidades autónomas del sur de España.
2. tienen padres que no se interesan por los estudios de sus hijos. - tienen entre 15 y 18 años. - quieren ganar dinero para comprarse alguna cosa. - quieren ganar dinero para hacer algo divertido.
3. Es un sociólogo especializado en gente joven.

6 **a)** Berufschancen - posibilidades laborales; Grundschullehrer - maestro de párvulos; Sozialarbeiter - trabajador social; Stellen - puestos

b) Musterlösung:
Querido Manuel:
¡Qué bien que quieres hacer tu formación profesional en Alemania! Mira, aquí, la formación dura tres años. Uno va al instituto dos veces a la semana y los otros días trabajas en la empresa. Normalmente es fácil encontrar puestos para hacer prácticas, aunque a veces no te pagan nada. Pero si haces una formación profesional te pagan los días en la empresa. Tienes un contrato normal y ya te puedes acostumbrar poco a poco a la vida profesional. Después de la formación puedes muchas veces quedarte en la empresa si haces un buen trabajo. Si tienes más preguntas, ¡mándame otra carta!
¡Muchos saludos!

7 **Musterlösung:** ¡Ven a Alemania! Todos conocen Berlín, es la capital alemana con la Puerta de Brandeburgo. Pero no toda la gente quiere pasar sus vacaciones en la ciudad. Alemania ofrece más, en este país se pueden pasar vacaciones en la playa del Mar del Norte donde se pueden hacer excursiones en bici o barco. También hay muchos lugares de interés en todo el país, como el castillo[1] Neuschwanstein en Baviera. ¡Ven a descubrir[2] Alemania donde todo un mundo te espera!

1 el castillo das Schloss **2 descubrir** entdecken

8 que - lo que - que - que - lo que - lo que - que - lo que - lo que

9 a) 1. ¿Queréis quedaros a comer? - 2. Tengo que acostarme ahora. - 3. ¿Quiénes están quejándose? - 4. ¿Tus gafas? ¿Estás buscándolas otra vez?

b) 2. Voy a preguntarle. / Le voy a preguntar. - 3. Y voy a regalarle un libro de cocina. / Y le voy a regalar un libro de cocina. - 4. Mañana voy a comprarlo. / Mañana lo voy a comprar. - 5. Claro que puedes invitarla. / Claro que la puedes invitar.

c) 2. Ya estoy levantándome. / Ya me estoy levantando. - 3. Sí, estoy duchándome. / Sí, me estoy duchando. - 4. Papá está comprándola. / Papá la está comprando. - 5. No lo sé, estoy buscándolas también. / No lo sé, las estoy buscando también. - 6. No, sólo estoy leyéndolos. / No, sólo los estoy leyendo. - 7. Ya estoy llamándolas. / Ya las estoy llamando. - 8. No, ya estoy acostándome. / Ya me estoy acostando.

10 1. No, ya no tengo ninguna. - 2. No, no hay ninguno. - 3. No, no puedo ningún día. - 4. No, no tengo ninguno. - 5. No, no hay nada. - 6. No, no tengo ningún problema.

11 1. sabe; puede - 2. puedo; sé - 3. sabe; puede - 4. sabe - 5. sabe; sabe; puede

12 1. estudia - 2. Mira - 3. abre - 4. Hablad - 5. Abrid; leed - 6. contesta - 7. Trabajad; escribid - 8. Esperad - 9. Perdonad

13 1. Vuelve - 2. Discutid - 3. Sal - 4. Pon - 5. ven - 6. cuenta - 7. Visitad - 8. Juega - 9. Lee - 10. Vete - 11. Sé - 12. haz

14 1. se venden - 2. se habla - 3. Se buscan/necesitan - 4. Se vende - 5. Se necesitan/buscan - 6. se pagan

15 Para - para - Para - por - para - para - Para - para - para - por - por - por - para - por - por - por - por

16 1. Estáis hablando todo el tiempo. - 2. Todas tus amigas son muy simpáticas. - 3. Ayer bailamos toda la noche en la discoteca. - 4. Voy a invitar a todos mis amigos. - 5. Todos sus colegas toman un café por la mañana.

17 Agencia Ven y Viaja: grande, mal, buenas, bueno
Agencia Sol y Luz: buen, buena, buen

UNIDAD 8 LA ESPAÑA VERDE

1 a)

1. Alexander viajó a Santiago de Compostela solo.
2. Para Alexander el viaje fue una experiencia positiva.

b)

1. c - 2. f -3. f - 4. c - 5. f - 6. c -7. c
2. Alexander hizo el Camino de Santiago en bicicleta.

3. Pasó unos días en casa de sus amigos en Bilbao.
5. Alexander nunca estaba triste.

2

3

4 **a)**

los pinchos

La Concha

el corte de troncos (aizkolari)

el Museo Guggenheim

el euskera / el vasco

b) horario: de martes a domingo 10:00 a 20:00h., lunes: cerrado, en julio y agosto: de lunes a domingo de 10:00 a 20:00h.; entrada para un estudiante: 7,50 euros.

5 **a) und b)**

	significado	palabras relacionadas del español, alemán, inglés, francés, latín, ...
la muerte (título)	der Tod	span.: muerto/-a, el/la muerto/-a, morir
la catástrofe (subtítulo)	die Katastrophe	E catastrophe
el petrolero (subtítulo)	das Tankschiff	E petrol
provocar (l. 1)	provozieren	E provoke
peculiar (l. 2)	eigenartig	E peculiar
el estilo (l. 2)	Stil	F le style
el origen (l. 3 + 8)	Herkunft	E origine

responder (l. 4)	beantworten	E response, F répondre
el miembro (l. 12)	Mitglied	E member
el metro cuadrado (l. 15)	Quadratmeter	F le mètre carré
el chalé (l. 19)	das Landhaus	F le chalet
ir a misa (l. 19)	zur Messe gehen	F la messe
simple (l. 29)	einfach	E simple
natural (l. 29)	natürlich	E natural
elaborar (l. 30)	herstellen	E elaborate
la escultura (l. 30)	Skulptur	F la sculpture
al aire libre (l. 30)	unter freiem Himmel	F l'air libre
el cadáver (l. 39)	Kadaver	E cadaver
emerger (l. 40)	emporragen	E emerge
enterrar (l. 40)	beerdigen	F enterrer
el fuel (l. 44)	Öl	E fuel
la tristeza (l. 46)	die Traurigkeit	F la tristesse

c) 1. nació en 1936 en el sur de Alemania. - 2. tenían ocho hijos. - 3. viajó a Camelle, un pueblo en la costa gallega. - 4. vivía en un chalé, iba a la iglesia y se dedicaba a su arte. - 5. cambió mucho y él empezó a vivir de anacoreta. - 6. hacía sus esculturas. - 7. tuvo un sueño terrible. - 8. devastó las playas y también el museo de Man. - 9. se murió, tal vez por tristeza.

d) El 13 de noviembre de 2002, el petrolero «Prestige» tuvo un accidente frente a la costa gallega en el noroeste de España. Perdió unas 77.000 toneladas[1] de petróleo, lo que resultó en una catástrofe para el medio ambiente. Hubo también una crisis política en España.

1 **la tonelada** die Tonne

7 **Musterlösung:** Hoy en el norte de España va a estar nublado todo el día. En el sur va a hacer sol y el cielo va a estar despejado. La temperatura máxima va a ser de 30 grados en la costa del sur, en el norte va a hacer unos 18 grados y en Castilla va a hacer 23 grados. Por la noche la temperatura puede bajar hasta los 8 grados en el norte y hasta los 13 grados en Castilla. En el sur va a hacer calor con 21 grados. Puede haber tormentas en el norte por la noche. En Castilla va a hacer viento, en el sur va a estar nublado. Mañana va a seguir lloviendo en el norte donde va a hacer frío también con sólo 15 grados. En el centro va a estar nublado y la temperatura máxima va a ser de 18 grados. En el sur va a hacer buen tiempo, la temperatura máxima va a ser de 26 grados.

8 **Musterlösung:** Las dos fotos muestran los paisajes de Andalucía y el País Vasco. En Andalucía hay campos de olivos que están en los cerros. No hay muchos bosques porque hace mucho sol en Andalucía y no llueve mucho. En el País Vasco tembién hay muchos cerros, pero allí todo es más verde porque llueve más: en la foto se pueden ver bosques y céspedes muy verdes. Los cerros además son más altos que en Andalucía porque el País Vasco está cerca de los Pirineos.

9 **Musterlösung:** El mes pasado fui con mi familia a Mecklemburgo en el norte de Alemania. Era un día muy bonito y hacía muy buen tiempo. Hacía mucho sol y no había una nube en el cielo. Hicimos una excursión en bici para llegar a un lago y para nadar. Cruzábamos un bosque, pasábamos por unos campos cuando, de repente, encontramos a unos amigos de mis padres. Entonces pasamos el resto del día con ellos. Para mí, era un poco aburrido, pero sin embargo disfruté del día nadando en el lago.

10

existir	existen	existián	ir	voy	iba
tener	tienen	teníamos	dar	damos	dábamos
caminar	caminan	caminaban	llevar	llevas	llevabas
ver	veis	veíais	ser	es	era
hacer	hacen	hacían			

11
1. Antes sólo los peregrinos recorrían el Camino de Santiago.
2. Antes sólo existía el motivo religioso para hacer el camino.
3. Antes los peregrinos no llevaban buenos zapatos para caminar.
4. Antes todos los peregrinos iban a pie.
5. Antes muchos peregrinos dormían al lado del camino.
6. Antes casi todos los peregrinos eran hombres.
7. Antes los peregrinos no llevaban mochilas.
8. Antes hacer el camino era difícil.

12 vivían - era - había - dijo - fueron - reservaron - tenía - pasaba - quería - se fue

13 solamente - Actualmente - Afortunadamente - normalmente - realmente - Desgraciadamente - afortunadamente - tranquilamente

14 1b Cuando Mario llegó a casa de Eliana, hacía sol todavía.
2c Cuando estaban todos los amigos en el jardín, cambió el tiempo.
3d Mientras ellos tomaban las tapas, empezó a llover.
4a Pero cuando volvían todos a sus casas, hizo calor otra vez.

15 escribí - estaba - caminamos - era - hacía/hizo - empezó - tomamos - estaban - decidimos - encontramos - había - hizo - había

UNIDAD 9 ¡HOLA Y BIENVENIDOS!

1

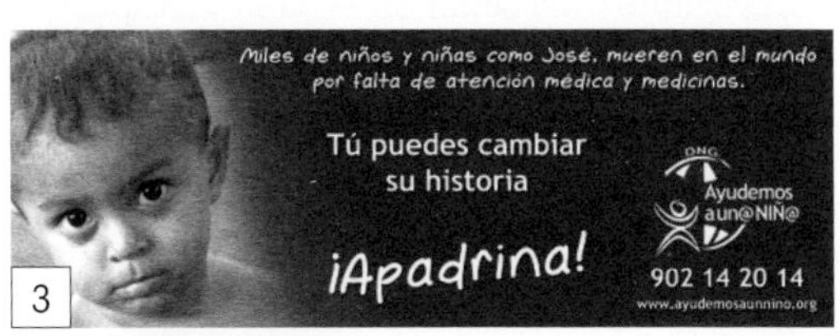

3

1

2

2 1. muy alegre - 2. a los 16 años - 3. Malawi - 4. un hospital - 5. arroz y maíz - 6. a la gente en sus pueblos - 7. solo

3 1. f - 2. c - 3. c - 4. f - 5. f - 6. c - 7. c - 8. c - 9. f

4 **a)** el horario, sustantivo: la hora, der Stundenplan - ofrecer, sustantivo: la oferta, anbieten - necesario/-a, verbo: necesitar, notwendig - crear, adjetivo: creativo/-a, erschaffen - la necesidad, verbo: necesitar, das Bedürfnis - la pérdida, verbo: perder, der Verlust - el bien, adjetivo: bien, das Gut - la seguridad, adjetivo: seguro/-a, die Sicherheit - aburrirse, adjetivo: aburrido/-a, sich langweilen - el aburrimiento, adjetivo: aburrido/-a, die Langeweile - educarse, sustantivo: la educación, erzogen werden - inseguro/-a, adjetivo: seguro/-a, unsicher

b) Creo que el autor no está de acuerdo con el consumismo.

c) 1. f - 2. c - 3. c - 4. c - 5. c - 6. f - 7. f - 8. c - 9. c - 10. f - 11. f

d) Musterlösung: El autor del artículo «Valgo por lo que soy y no por lo que tengo» no está de acuerdo con el consumismo de hoy en día. Dice que falta la austeridad en muchas familias y que muchos niños ya dependen de objetos como la tele, los juegos electrónicos u otras cosas que se pueden consumir. Explica que muchos niños ya no son felices porque sólo piensan en consumir.
En primer lugar estoy de acuerdo con el autor de este artículo. Muchos niños quieren tener cosas, por ejemplo un nuevo juego electrónico o un nuevo móvil, sólo porque las ven en la publicidad. Muchas veces no las necesitan y tampoco van a ser más felices cuando las tienen.
Además los niños ya dependen de estos productos. Ya no saben qué hacer si la tele no funciona o si van a pasar unos días en casa de los abuelos donde quizás no hay tele. Ya no son muy creativos y les falta la austeridad.
Sin embargo me parece un poco exagerada[1] la opinión del autor. Todavía conozco a muchas familias que aún no tienen tele y que no compran todas las cosas nuevas. En mi opinión hay mucha gente que conoce los problemas del consumismo y que no compra todos los bienes materiales.

1 **exagerado/-a** übertrieben

6 **Musterlösung:**
¡Hola a todos!
Este es el primer e-mail que escribo desde que llegué a Quito anteayer por la tarde. El vuelo estuvo bastante bien porque conocí a otro voluntario. Al llegar al aeropuerto ya me esperaba la señora de la agencia quien me llevó a conocer mi nueva habitación. Es una habitación muy sencilla, tiene una cama, un escritorio con silla y hasta una pequeña ventana. En realidad, sólo tengo lo necesario pero es suficiente. Ayer por la mañana me levanté muy temprano porque antes de ir a la escuela quería ver un poco la ciudad. El problema fue que después no pude encontrar el camino a la escuela. Para no perder más tiempo, pregunté a un señor en la calle y después llegué a la escuela muy rápidamente. Cuando llegué los niños ya me esperaban y el señor Martín me saludó. Él es el director de la escuela. Después de explicarme todo, el señor Martín me invitó a cenar con él y con su familia. Es una familia muy alegre y su esposa cocina muy rico. Los primeros días, los he pasado muy bien y espero con muchas ganas lo que viene.
¡Hasta pronto!
Tim

7 **Musterlösung:** Todos los niños tienen derechos. El primero de los diez derechos de los niños es que tienen el derecho a ser niños. Esto significa que pueden jugar y que no tienen que trabajar. Además tienen el derecho a crecer en libertad. Eso quiere decir que pueden vivir en un país democrático. El tercer derecho dice que todos los niños tienen derecho a una identidad. Puede significar que pueden decidir sobre su religión y su carácter. Además tienen el derecho a la salud. Este cuarto derecho expresa que pueden comer cuando tienen hambre y que pueden ir al médico cuando están enfermos. El quinto derecho es que tienen el derecho a cuidados especiales. También tienen derecho a una familia. Este sexto derecho significa que los niños deben crecer en un ambiente familiar y que pueden, por ejemplo, pasar su tiempo con otros niños. El séptimo derecho, el derecho a una buena educación, dice que los niños deben ir al colegio para aprender mucho. Además tienen el derecho a protección y socorro y a no ser abandonados ni maltratados. Estos derechos significan que viven sin violencia y que todos les ayudan si tienen problemas. Finalmente tienen el derecho a no ser discriminados. Esto significa que no deben ser excluidos[1] por el color de la piel, por ejemplo.

1 **exluido/-a** ausgeschlossen

8 1. acaban de llegar – 2. acabamos de llevarlos – 3. Acaba de llamar – va a venir – 4. acaban de poner – 5. van a tocar – 6. acaban de poner – 7. Acabo de llamar; va a llevarla – 8. Vamos a esperar

9 1. Es Sara. Dice que ahora está en Albacete, pero que va a volver por la noche. – 2. Dice que está visitando a su tía en el hospital. – 3. Quiere saber qué estamos haciendo. – 4. Dice que acaba de hablar con Juan y que quieren ir al cine esta noche. – 5. Pregunta si tenemos ganas de ir con ellos. – 6. Pregunta a qué hora quedamos.

10 he ido – he estado – Has estudiado – He trabajado – he sabido – has aprobado – has sacado – he tenido – hemos estudiado – Ha pasado – habéis preparado – ha pasado – han decidido

11
1. Han llamado – Han dicho
2. Han estado – hemos pasado – Hemos jugado – han/ hemos mandado
3. he ido – has hecho
4. He salido – Habéis encontrado – he podido

12
1. No, todavía no me los he comprado pero quiero comprármelos esta tarde.
2. No, no te lo he recomendado, pero quiero recomendártelo.
3. No, todavía no se lo he explicado, pero puedo decírselo esta mañana.
4. No, todavía no os la hemos contado, pero queremos contárosla la próxima vez.
5. No, todavía no se lo hemos dado, pero vamos a dárselo la semana que viene.
6. No, todavía no se las han mandado, pero van a mandárselas ahora mismo.

13 2. Ya me las he comprado. – 3. Ya se lo he demostrado. – 4. Ya se lo he dicho. – 5. ¡Ya te lo he explicado cinco veces! – 6. Ya se lo he preguntado.

14 2. Sigue trabajando para esta empresa. – 3. Lleva diez años viviendo en Madrid. – 4. Sigue viviendo en Madrid. – 5. Gracias al nuevo profe de Matemáticas voy comprendiendo. – 6. ¿Sigue saliendo con su novia Clara? – 7. Llevan ocho meses saliendo juntos. – 8. ¿Sigue viendo la tele?

15 a)

Antes de salir de casa quiero hacer una llamada importante.
Hasta no terminar mi trabajo no voy a poder salir con vosotros.
Por no estudiar bastante tuve que repetir el curso.
Después de comer me acosté un momento.
Al entrar a la oficina no pude decir nada.
Para llegar a tiempo tomé un taxi.

b) Musterlösung:

Antes de poner la película venden bebidas.
Hasta no resolver el conflicto no voy a poder dormir bien.

Por no saludar al jefe de la empresa no recibió el contrato.
Después de donar sangre se sintió muy bien.
Al conocer al equipo estaba muy feliz.
Para demostrar que soy aplicado trabajé toda la noche.

16 1. lo – 2. la – 3. Ø – 4. los – 5. lo – 6. la – 7. las – 8. les – 9. les

17 (Ya) ha pasado – (desde que) llegué – podía – ha sorprendido – he conocido – he tenido – (el otro día) visitaron – llegaron – necesitaban – estaba – lloró – pensé – lloraba – entendí – quería – prefería – (Ese día) sentí – (El último fin de semana) fui – hicimos – Era – hacía

UNIDAD 10 EL MEDIO AMBIENTE

1
1. Se dirige a otros niños.
2. El spot trata del medioambiente
3. Se pueden reciclar los restos de la comida.
4. «Recuerda que en la naturaleza todo se recicla.» El chico explica que tenemos que reciclar.
5. Es el día mundial del medioambiente.

2 **a)** 1. c – 2. f – 3. c – 4. f – 5. c – 6. ? – 7. c – 8. f

b) Roberto quiere ir a la reunión con su grupo ecológico y hacer planes para luchar contra la fábrica de química. Tanbién quiere organizar una manifestación porque quiere que pongan la fábrica en el centro industrial.
Maite quiere ir a la discoteca y salir de fiesta.
Juan quiere que Maite no le hable así a Roberto.

3 **a)** Carmen vive en la calle de Salamanca, número 17, enfrente de contenedores de vidrio. A ella le parece bien que se recicle la basura. Pero ella ya no puede dormir porque la gente tira sus botellas al contenedor a las 12 de la noche. El empleado le recomienda que escriba una carta al Ayuntamiento y que explique otra vez el problema.

b) tirar – (hinein)werfen

4 **a)**

ambiental		el medio ambiente	F: ambiance	Umwelt-
la contaminación	x		D: kontaminieren	Verschmutzung
las autoridades	x		E: authority	Behörde
registrarse	x		D: registrieren	feststellen
la salida		salir		Stilllegung
la circulación			D: zirkulieren	Verkehr
el automóvil	x		D: Auto	Auto
estricto/-a	x		E: strict	streng
el cumplimiento	x	cumplir		Erfüllung

el vehículo			D: Vehikel	Fahrzeug
carecer	x		fehlen	
la prohibición	x	prohibido/-a		Verbot
la recomendación		recomendar	F: recommander	Empfehlung
abstenerse			D: Abstinenz	verzichten
realizar	x		D: realisieren	ausüben
instalado/-a			E: install	eingerichtet
diverso/-a	x		D: divers	verschieden
la partícula	x		D: Partikel	Partikel, Stoff
el metro cúbico		el metro	D: Kubikmeter	Kubikmeter
considerado/-a			E: consider	erachtet
el sector	x		D: Sektor	Gegend
contaminado/-a	x	la contaminación	D: kontaminiert	verschmutzt
constante			D: konstant	dauerhaft
el episodio			D: Episode	Episode
principalmente	x		F: principalement	hauptsächlich
el otoño	x		F: automne	Herbst

b) 1. c - 2. c - 3. c - 4. f - 5. f - 6. c - 7. f

6 **Musterlösung:** En muchos supermercados les regalan bolsas de plástico a los clientes. Nosotros los clientes enseguida las tiramos a la basura cuando llegamos a casa. La imagen presenta este problema. Muestra una típica bolsa de plástico de las que se regalan en los supermercados. La bolsa está puesta en la cabeza de un señor que entonces no puede respirar. En esta bolsa se escribe «Con menos bolsas de plástico todos podremos respirar más tranquilos.» Con esta frase se expresa que las bolsas de plástico son un problema para el medio ambiente porque tardan unos 400 años en descomponerse. Como usamos muchas bolsas de plástico, hay mucha basura también que contamina el medio ambiente. Pienso que el anuncio comunica bien su mensaje porque es una imagen simple con un mensaje claro y convincente. En resumen me parece una buena idea.

7 **a)** En este cartel se pueden ver dos manos en el centro que juntas forman un globo[1]. Parte de las manos es azul como el mar, el resto es de color marrón, rojo o verde como la tierra. El fondo[2] es de color lila. Abajo hay un texto que dice «Generando consciencia, entre todos, podemos!!! Ayúdame/Ayúdate/Ayúdalos». El cartel expresa que tenemos que implicarnos todos para proteger el medio ambiente. Me parece interesante porque muestra con un gesto[3] muy simple que lo más importante es ayudarse.

1 **el globo** Erdball 2 **el fondo** Hintergrund 3 **el gesto** Geste

b) ¿Ya habéis pensado en cuántas veces al día necesitamos agua? Ya empieza por la mañana cuando nos duchamos, sigue con el café o el té que preparamos. Durante el día bebemos el agua potable que sale del grifo, regamos las plantas, lavamos la ropa o los platos o aún vamos a la piscina.
¿Por qué no pensar un poco en ahorrar agua cuando es tan importante en el día a día? En muchos países tener agua siempre no es normal y todos necesitamos agua limpia muchas veces al día. Nosotros también tenemos que pensar en el futuro. ¿Pero cómo podemos ahorrar el agua? Os presento algunas ideas: podemos, por ejemplo, cerrar el grifo en seguida para no perder tanta agua. También es mejor ducharnos porque al bañarnos ¡gastamos por lo menos 150 litros de agua! Tampoco es necesario limpiar cada plato solo, es mejor poner el lavaplatos cuando ya tenemos muchos platos. Además muchas lavadoras tienen programas especiales para no gastar tanta agua. Finalmente podemos regar

las plantas por la noche. Estas son solo algunas ideas para ahorrar agua cada día. Porque ahorrar agua es proteger el medio ambiente.

8 **Musterlösung:**

Estimados señores y señoras:

Vivo en la calle de Salamanca, 17, justo enfrente de unos contenedores de vidrio. Me dirijo a Uds. porque me parece mal que haya mucha gente que tire las botellas por la noche porque es muy ruidoso. Es importante que separemos la basura, pero no creo que sea necesario hacerlo a las 12 de la noche. Incluso los carteles en los contenedores donde pone que no se debe tirar el vidrio de noche no ayudan nada. Por eso quiero que manden a una persona para controlar la situación.

En espera de sus noticias, les saluda atentamente

Carmen González

9 **Musterlösung:** 2. ¡No veas... - 3. ¡No utilices... - 4. ¡No uses... - 5. ¡No vayas... - 6. ¡No hagas... - 7. ¡No pongas...

10 1. vivan - 2. tome - 3. trabajen - 4. encuentren - 5. se use - 6. se recicle - 7. tengas - 8. paséis

11

2. No pienso que tengamos suficientes platos para poner el lavaplatos.
3. No creo que las bombillas normales gasten menos electricidad.
4. No creo que los españoles se interesen mucho por el medio ambiente.
5. No pienso que la mayoría de los españoles separe la basura.

12 **Musterlösung:**

Es importante que los productores puedan tener una vida digna.

Está muy bien que la gente pague un precio justo por los productos.

Es necesario que «Comercio Justo» rechace el trabajo infantil.

Es fantástico que «Comercio Justo» pague el precio justo a los productores.

13

1. ... importe la conservación del medio ambiente.
2. ... en las plantaciones se utilicen muchos pesticidas.
3. ... trabaje en una plantación donde se utilizan pesticidas.
4. ... su hijo pueda tener problemas con los pulmones.
5. ... el jefe de Enrique no necesite a más personas.
6. ... a Enrique no le preocupe el futuro.
7. ... haya mucha pobreza en el mundo.
8. ... en Europa haya una gran demanda de productos ecológicos.

14 esté - ver - puedan - recomienden - sea - sea - tenemos - tengan - contesten - manden

15 1. pongas; lavar; llenar - 2. usen; recicle - 3. sea; usas; es; bañarse

UNIDAD 11 LA ECONOMÍA DE ESPAÑA

1 1. f - 2. ? - 3. c - 4. f - 5. f - 6. c - 7. c - 8. c

2 1. integración, discriminación, trabajo, idioma - 2. integración, idioma - 3. integración, trabajo - 4. integración, discriminación, trabajo

3 queso manchego a 9,50€ el kilo, los 2 kilos con media docena de copas de regalo
jamón serrano a 15,30€ el kilo, jamón de jabugo a 36€ el kilo, cuchillo jamonero de regalo si se compra el jamón entero
sandía a 90 céntimos el kilo, comprar tres y pagar dos
aceitunas negra a 77 céntimos la lata

4 **a)** inexplicable: explicar: unerklärlich - el encuentro: encontrar: das Treffen, die Begegnung - decisivo/-a: la decisión, E: decision: entscheidend - sporprendido/-a: la sorpresa, sorprender: überraschend - ofrecer: la oferta, E: offer: anbieten - ilegalmente: ilegal: illegal - el permiso de residencia: permitir, E: permit, residence: die Aufenthaltsgenehmigung - construir: D: konstruieren, E: construct: bauen - contratar a alguien: el contrato, E: contract: jemandem einen Vertrag geben, anstellen - la condición: D: die Kondition, E: condition: Bedingung

b) Musterlösung: El fragmento de la novela Abdel de Enrique Páez, publicado en 1994, trata de Abdel y su padre que enmigran ilegalmente de Marruecos a España para encontrar trabajo.
Primero buscan trabajo en Cádiz y Málaga pero no tienen suerte porque la gente les trata con desconfianza. Luego, cerca de Marbella, encuentran a un hombre árabe y le piden ayuda. Le cuentan que son ilegales y que buscan trabajo. El señor explica que trabaja ilegalmente como peón en un chalé muy cerca y les invita a pedirle trabajo a su patrón.

d) Musterlösung: Abdel y su padre viven ilegalmente en España y todavía no tienen trabajo. El único trabajo que se les ofrece es el trabajo duro de peón en un chalé. No tienen ni casa ni amigos donde dormir por la noche y tampoco pueden volver a Marruecos. Jaqueline Velarde, por el contrario, trabaja legalmente en España, tiene un trabajo como teleoperadora que tampoco se paga muy bien pero que por lo menos no es un trabajo demasiado duro. Además puede volver a Perú si quiere porque su abuela vive allí. Sin embargo tiene que ganar dinero porque tiene que pagar los medicamentos de su abuela. Trabaja para devolver el dinero que su madre le daba antes para que pueda hacer sus estudios de Derecho en Perú.
En resumen, Abdel y su padre y Jaqueline dependen del trabajo que encuentran en España pero viven vidas muy diferentes.

5 **a)** Der Ausbruch des isländischen Vulkans führte zur Schließung des europäischen Luftraums und hat die Anzahl der Urlauber in Spanien stark beeinflusst.

b) 1. f - 2. c - 3. c - 4. f - 5. c - 6. f

7 **Musterlösung:** Este gráfico muestra la tasa de paro de los estados federados de Alemania en mayo de 2010. El estado federado Berlín es la región con la tasa de paro más alto con casi un 14 por ciento, Baviera es él que tiene la tasa de paro menos alto con un 4,4 por ciento. En Turingia una de cada diez personas no tiene trabajo, allí la tasa de paro es más alta que la tasa de paro nacional: un 7,7 por ciento de los alemanes está en paro. Esto significa que Berlín es una región económicamente no muy

fuerte porque tiene la tasa de paro más alta de toda Alemania. Baden-Wurtemberg, por el contrario, tiene una tasa de paro de sólo un cinco por ciento. Eso quiere decir que es una región económicamente fuerte.
En resumen este gráfico muestra que la tasa de paro es muy diferente en los estados federados de Alemania.

8 **Musterlösung:**
Madrid, 30 de mayo de 2011
Querida abuelita:
¿Qué tal en Perú? Yo estoy pasando unos días muy bonitos aquí en Madrid. Hace muy buen tiempo y no tengo que trabajar tanto. Cada día voy a la oficina donde trabajo como teleoperadora. Conozco a mucha gente en el teléfono y a veces es muy interesante. Claro, también hay días en que puede ser muy aburrido. Cuando tenga suficiente dinero para pagar un vuelo, la voy a visitar en Perú. Pero antes tengo que seguir trabajando mucho aquí. Acabo de escribir una solicitud para un trabajo en otra oficina donde necesitan personas que han estudiado Derecho. A ver si cambio de puesto.
Espero que le vaya bien, mi abuelita.
Besos
Jaqueline

9 a) **Musterlösung:** Los tres carteles son parte de una publicidad para España. El primer cartel está en inglés y presenta aspectos típicos de la cultura de Andalucía. En el centro hay una mujer que baila flamenco y dos personas que aplauden. Detrás se puede ver una casa en estilo árabe. Abajo vemos la Alhambra, un palacio famoso, que está en un cerro. El segundo cartel muestra dos personas en el centro que llevan ropa de esquí. Detrás de ellos hay cerros y mucha nieve. Abajo se puede ver unan piscina. El tercer cartel en el libro muestra también a dos personas en el centro. Son dos mujeres que están en un coche delante de una ciudad blanca. Esta ciudad también está en un cerro, delante de la ciudad hay mucho verde. Abajo se puede ver un lago muy tranquilo. Los tres carteles muestran a dos personas felices, hay cerros y naturaleza y se puede conocer diferentes aspectos del turismo en España

1 **la nieve** der Schnee

b) **Musterlösung:** Creo que el primer cartel se dirige a las personas a las que les gusta la cultura y el baile. Se dirige quizás a personas mayores. El segundo cartel se dirige probablemente a la generación más joven y a familias a las que les gusta el deporte de invierno. Finalmente, el último cartel se dirige a la generación más joven que no tiene tanto dinero y que prefiere unas vacaciones individuales porque muestra a dos chicas en un coche.

10 Galicia: habitantes - Europa - emigración - en busca de - pesca - contar - exportación
El País Vasco: industria pesada - poblada - tasa de paro
Andalucía: población - diversidad - verduras - enorme - invernaderos - convertirse - desierto
Cataluña: destino - turistas extranjeros - Gracias a - farmacéutica - automovilística - rica

11 1. a no ser que - 2. para que - 3. Ojalá que; para que - 4. En el caso de que - 5. a no ser que - 6. En el caso de que - 7. sin que - 8. a no ser que

12
1. No, a no ser que mi madre me lo pida.
2. Ojalá que saques una buena nota.
3. Para que me digas tu opinión y me des un consejo.
4. Sí, en el caso de que la vea.

5. Ojalá que pronto encuentres algo nuevo.
6. Antes de que mis padres vuelvan de las vacaciones.
7. Sí, pero sin que ella se dé cuenta. Es una sorpresa.

13 1. sin - 2. Antes de que - 3. sin que - 4. para - 5. Antes de - 6. Para que

14
1. Donde haya sitio.
2. Haz lo que quieras.
3. Ponte lo que te guste.
4. Cuando tengas tiempo.
5. Donde tú digas.

15
1. les ofrezcan una vida con futuro en España.
2. puedan hacer sin hablar español.
3. tengan que hacer para ganar dinero.
4. les gustan.
5. hay guerras y donde la gente pasa hambre.

16 1. llegues - 2. venís - 3. vuelva - 4. te vayas - 5. tienen - 6. aprendas - 7. tuvo - 8. haya - 9. gaste - 10. gana - 11. hace - 12. estudies - 13. llegue - 14. haga - 15. paguen - 16. se dirige - 17. voy - 18. tiene - 19. siga - 20. llueva

17 **Individuelle Lösung**

UNIDAD 12 AMÉRICA LATINA

1 1. Venezuela - 2. Caribe - 3. 93 - 4. 27 - 5. el windsurf, el esnórquel - 6. Isla de Coche - 7. del mar - 8. nadar con delfines - 9. tiene aeropuerto internacional

2 1. f - 2. c - 3. c - 4. c - 5. f - 6. f
1. Colombia, Ecuador, Perú y Bolivia forman la CAN.
5. En 1993 se creó la zona andina de libre comercio.
6. Desde entonces, se han creado 800.000 puestos de trabajo.

3 **a)** Geschäfte machen in Mexiko

b) Die Webseite will vermitteln, dass Mexiko gute Geschäftsmöglichkeiten bietet und dass jetzt ein guter Zeitpunkt ist, um in Mexiko zu investieren. Im internationalen Vergleich, und besonders im Vergleich mit anderen Schwellenländern, ist Mexiko als Standort sehr konkurrenzfähig.

c)

- [X] Handel
- [ ] Freihandelsabkommen
- [X] Kontakt
- [ ] mexikanisches Bankensystem
- [X] logistische Infrastruktur
- [X] Anleitung zum Investieren in Mexiko
- [ ] Partnerorganisationen
- [X] Services für Investoren
- [X] ProMéxico-Büros weltweit

4 b) und c)

5 la vida como chicana
2 sus viajes a México
6 sus motivos para escribir
1 su último libro
4 la relación entre los mexicanos y los estadounidenses
3 la relación entre los chicanos y los mexicanos

d)

familia: seis hermanos, padre que vive a la mexicana, madre
¿Dónde vive/vivía?: antes vivía en Chicago en un barrio pobre, viajó a Europa, vivió en Bosnia, en el sur de Francia, hoy vive en la frontera entre Estados Unidos y México, en Texas
escritora: *La Casa en Mango Street* (1994): 3 millones de copias vendidas, una narrativa chicana muy importante, *Caramelo* es su último trabajo (2003), ganó el premio de la Fundación MacArthur (1995)
carácter: apasionada, vive en una eterna contradicción, celosa, franca, hace lo que le da gana, nunca presta atención al «qué dirán», siempre escribe por los más débiles
opiniones: no le gusta cómo los mexicanos tratan a los indios, no le gusta que los pobres tengan que viajar cada día para servir a los más ricos, quiere que uno ayude a los pobres, no le gusta que en Texas se mate a los prisioneros y que tantos negros e hispanos sean olvidados en cárceles, le molesta

que nadie se preocupe por educar a los niños hispanos, piensa que se necesita gente que no tenga miedo
más cosas: habla español e inglés, nació en 1954, no está casada

e) Musterlösung: Sandra Cisneros nació en Chicago en 1954, de padres mexicanos. Hoy en día vive en Texas, cerca de la frontera mexicana, donde trabaja como escritora. Creció con seis hermanos y sus padres la educaron a la mexicana, es decir, que su padre no estaba de acuerdo con algunas decisiones de su hija, como viajar a Europa o mudarse mientras sus hermanos todavía se quedaban a vivir en casa. Hasta hoy no se ha casado y vive una vida entre las dos culturas: la mexicana y la estadounidense. Escribe literatura narrativa con la que tiene mucho éxito: ganó, por ejemplo, el premio de la Fundación MacArthur en 1995. En sus libros siempre escribe por los más débiles, como, por ejemplo, por los indios en México o por los inmigrantes que luchan por sus derechos. Se describe como una persona apasionada y celosa, pero también franca. Hace lo que quiere y nunca presta atención al «qué dirán» como lo hizo su padre. Como chicana se implica mucho en la lucha por los derechos de los más pobres, de los inmigrantes y de los niños.

f) Musterlösung: Sandra Cisneros expresa que vive en una eterna contradicción. Con eso quiere decir que vive entre las dos culturas de su familia: tiene padres mexicanos que todavía viven a la manera mexicana, pero ella nació en Estados Unidos, donde conoció a una cultura muy diferente a la mexicana. Tiene por tanto una herencia mexicana y una estadounidense. Por eso tenía muchos conflictos con su padre, que no quería comprender sus decisiones. Además, los mexicanos no la ven como a una mexicana, y en Estados Unidos siempre se la ve un poco como extranjera también. En mi opinión es una situación difícil pero interesante: conoces muy bien dos culturas y puedes decidir qué elementos te gustan más.

6 **Musterlösung:** A Cecilia Alvear, periodista en los EE.UU. de origen ecuatoriano, le parece difícil el tema del bilingüismo que afecta a los jóvenes latinos que viven en California. Explica que muchos de ellos no hablan ni el español ni el inglés perfectamente.
Para empezar se puede decir que hablar dos idiomas siempre es mejor que hablar solo uno. Pero hay un problema cuando no se habla ni el uno ni el otro perfectamente. Imaginemos la situación siguiente: un joven latino que vive en California busca trabajo. Habla bastante bien el inglés, que también se habla en la escuela, pero tiene, por ejemplo, acento español. En la entrevista de trabajo el jefe nota rápidamente que el joven no habla el inglés perfecto. Entonces le pide que escriba su solicitud otra vez en español porque también busca a hispanohablantes en su empresa. Pero el joven, que habla el español sólo en casa, no conoce las expresiones típicas en español, de manera que finalmente no le hacen ningún contrato.
En mi opinión lo mejor sería educar a los jóvenes latinos en colegios bilingües donde pueden aprender los dos idiomas perfectamente. Hay que asegurarse de que aprendan bien el inglés y el español para que no sean discriminados por su falta de competencia lingüística.

7 **a) Musterlösung:** El artículo de «El País» de 2007 trata de las condiciones de vida de los niños de la calle en Buenos Aires.
Habla de cinco niños, que tienen entre 12 y 16 años, que pasan sus días buscando cartones viejos para venderlos. Duermen en una casa abandonada donde pasan su tiempo juntos, se protegen contra el frío y se drogan para olvidar el hambre, y nadie se da cuenta de ello.

b) Musterlösung: El autor se refiere a un caso concreto, el caso de Juan, para lograr que el lector sienta compasión por los niños. Explica su día a día en detalle y se dirige directamente al lector. Subraya que la casa abandonada donde viven los chicos tiene el techo roto y que hace mucho frío en la casa. Además expone que hay mal olor a causa de la basura en la casa. Se solidariza con los chicos subrayando que ni los vecinos se dan cuenta de lo que pasa con ellos. Al final pregunta si los vecinos harían algo para ayudarles si lo supieran.

c) Musterlösung: Buenos Aires y sus niños de la calle

Acabo de volver de mi viaje a Buenos Aires. Primero quiero decir que es una ciudad impresionante que me gustó mucho. Sin embargo tengo que hablar de una cosa que es horrible y que me pareció increíble: la situación de los niños de la calle. En Buenos Aires puedes ver a muchos niños que viven en la calle. Es un gran problema porque estos niños tienen entre 12 y 16 años y pasan sus días buscando cartones viejos que puedan vender. Está mal que no tengan familias donde vivir y que muchas veces tomen drogas para olvidarse del hambre. Es una cosa que me puso muy triste. A veces duermen en casas abandonadas pero tengo miedo de que allí tampoco se puedan proteger contra el frío de la noche. Pienso que los vecinos de estas casas saben lo que pasa allí pero que no les interesa. Es necesario que nosotros les ayudemos a estos niños para que puedan vivir otra vida sin drogas.

8 1. Andes - 2. Colombia - 3. México - 4. Puerto Rico - 5. Inca - 6. Cuzco - 7. Caracas - 8. Río de la Plata - 9. Panamá - 10.Tegucigalpa - 11. Florida - 12. Chicanos, 13. café

9 **a) Musterlösung:**

2. Sería estupendo, podría ir todos los domingos a la playa y aprendería a bailar salsa.
3. Me encantaría. Subiría los pueblos andinos, iría a ver las cataratas del Iguazú, viajaría hasta los glaciares...
4. Todos nos moveríamos libremente por todas partes.
5. Sería muy triste.
6. Sería el mundo ideal, nadie tendría que sufrir hambre ni frío.
7. Me gustaría mucho, pero muchos estudiantes no aprenderían mucho.
8. No tendríamos nunca miedo de que nuestros padres se enfadaran por malas notas.
9. Podría estar muy bien, pero también habría problemas y discusiones sobre la limpieza y la compra.
10. Creo que me aburriría.

10 2. algunos niños vivieran en la calle. - 3. otros se drogasen. - 4. muchos niños pidieran dinero o comida en la calle. - 5. a veces los vecinos no se dieran cuenta de la pobreza de los niños.

11 **a)** 1. fueras, verías - 2. hubiera, irían - 3. fueran, tendrían, deberían - 4. supieran, ayudarían - 5. se ocupase, vivirían - 6. vivieran, podrían - 7. fuera, pasarían - 8. llegaran, podría

b) María: harías, tuvieras. Andrés: tuviera, pasaría, viajaría, Visitaría. María: tuviera, haría. Andrés: ganara, compraría, podrían, viviría. María: fuera, ayudaría.

12 1. cuyo - 2. cuyo - 3. cuyo - 4. cuya - 5. cuyos.

PASO 2 **5 Tú charlas con Miguel en una fiesta. | Du unterhält dich mit Miguel auf einer Party in Madrid.**

Mit diesem Tandembogen arbeitet ihr zu zweit. Eine/r ist Miguel, der/die andere spielt sich selbst. Ihr deckt die Hälfte der Seite mit einem Buch oder einem Blatt Papier ab, so dass jede/r von euch nur seine/ihre Spalte sehen kann. Miguel fängt an zu sprechen, danach sprecht ihr immer abwechselnd und korrigiert euch gegenseitig.

 Miguel	 Tú
Du begrüßt dein Gegenüber.	¡Buenos días! / ¡Hola!
¡Buenos días! / ¡Hola!	Du grüßt zurück.
Du fragst ihn/sie, wie er/sie heißt.	¿Cómo te llamas?
Me llamo ____________. Y tú, ¿cómo te llamas?	Du sagst, wie du heißt, und fragst ihn dann, wie er heißt.
Du sagst, dass du Miguel heißt.	Me llamo Miguel.
¿Qué tal?	Du fragst ihn, wie es ihm geht.
Du sagst, dass es dir gut geht und bedankst dich. Dann fragst du ihn/sie, wie es ihm/ihr geht.	Bien, gracias. ¿Y tú (qué tal)?
Bien también.	Du sagst, dass es dir auch gut geht.
Du fragst ihn, welche Sprachen[1] er/sie spricht.	¿Qué lenguas hablas?
Hablo inglés y francés y un poco de español. (Y tú,) ¿También hablas inglés y francés?	Du sagst, dass du Englisch, Französisch und etwas Spanisch sprichst. Dann fragst du Miguel, ob er auch Englisch und Französisch spricht.
Du sagst, dass du kein Französisch sprichst aber ein bisschen Englisch. Dann fragst du ihn/sie, woher er/sie kommt.	No hablo francés pero (hablo) un poco de inglés. (Oye,) ¿De dónde eres?
Soy de Alemania y vivo en ____________. Y tú, ¿de dónde eres y dónde vives?	Du sagst, dass du aus Deutschland bist und in ____________ (Ort) lebst. Dann fragst du Miguel, woher er stammt und wo er lebt.
Du sagst, dass du aus Mexiko stammst, aber dass du jetzt hier in Madrid lebst.	Soy de México pero ahora vivo aquí en Madrid.
¿Ya trabajas?	Du fragst Miguel, ob er schon arbeitet.
Du sagst, dass du nicht arbeitest sondern zur Schule gehst.	No, no trabajo. Estudio (en el instituto).
¿De verdad? Yo también estudio.	Du rufst interessiert „wirklich?[2]“ und sagst, dass du auch zur Schule gehst.
Du verabschiedest dich.	¡Adiós! / ¡Hasta luego!
¡Adiós! / ¡Hasta luego!	Du verabschiedest dich.

1 **welche Sprachen** qué lenguas

2 **wirklich?** ¿De verdad?

EXPRESIÓN ESCRITA

PASO 2 **6** a) **Presenta a las personas del libro. | Stelle die Personen mit möglichst vielen Details vor.**

b) **¿Y tú? | Stelle dich vor.**

PASO 3 **7** **Escribe un diálogo. | Schreibe einen Dialog, der zu den Zeichnungen passt. Verwende möglichst viele Wörter aus dem Kasten.**

tomar para ¿qué tal? oye pues ¡Hola! regular *comer* pizza la clase de inglés texto ¿qué...? de jamón de queso ¿qué es? zumo de naranja un poco también *aprender* *(no) comprender* (muy) bien café *beber* bocadillo tú cruasán ¿cómo estás?

G/1 **8** ▸ **VERBEN AUF -*AR* | Completa. | Vervollständige die Sätze mit der richtigen Verbform.**

1. Miguel y Pablo no ______________________ (trabajar). ______________________ (estudiar) juntos.
2. **Pablo:** Miguel, ¿______________________ (hablar) francés?

   Miguel: No, no ______________________ (hablar) francés, pero un poco de inglés.
3. Laura y Ana ______________________ (charlar) con los amigos en la plaza.
4. **Un chico:** Chicas, ¿también ______________________ (estudiar) o ya ______________________ (trabajar)?

   Ana: No, no ______________________ (trabajar). Yo ______________________ (estudiar) en la universidad[1]

   y Laura ______________________ (estudiar) en el instituto.
5. Miguel ______________________ (hablar) con un amigo de México.
6. **Una chica:** Ana, ¿dónde ______________________ (estudiar)?

   Ana: Aquí en Madrid.

1 **la universidad** Universität

G/2 **9** ▸ ***SER* | Escribe los diálogos. | Schreibe die Dialoge. Verwende in jedem Satz das Verb *ser*.**

de — México — de dónde

y — ellos — Laura — bienvenidos — Pablo

hola — de — no — de — Sevilla — aquí — chicas

ella — quién — de Ana — la hermana

G/3 **10** 5 ▶ **VERNEINUNG | a) Escucha y contesta como en el ejemplo. | Höre die Fragen und antworte wie im Beispiel.**

1. → España No, no es de México, es de España.
2. → Alemania No, ______
3. → Madrid ______
4. → alemán ______
5. → ... ______
6. → un poco de inglés ______
7. → estudiar ______
8. → ... ______

______

b) Finde je einen Satz in Übung 10 a, in dem *no* eine der folgenden Bedeutungen hat:

nicht → ______

kein → ______

G/1 G/2 **11** ▶ **VERBEN AUF *-AR*** ▶ ***SER*** ● **| Completa con la forma correcta de los verbos. | Setze die Verben *charlar*, *hablar*, *estudiar*, *trabajar* und *ser* in der richtigen Form ein.**

En la plaza, Ana y Miguel ______ con un chico.

Miguel: Hola, ______ Miguel y ella ______ Ana, una amiga.

Fernando: Hola, me llamo Fernando. ¿Qué tal?

Miguel: Muy bien. Oye, tú también ______ en el instituto, ¿verdad?

Fernando: Sí, claro.[1] ¿Y vosotros?

Ana: Pues yo no.

Fernando: ¿No? ¿Ya ______?

Ana: No, no ______. ______ en la universidad[2].

Miguel: Pero yo sí ______ en el instituto. ______ amigos de Pablo.

Fernando: ¿De Pablo García? ¿El chico de Alemania[3]?

Ana: Pues, sí. Pero Pablo no ______ de Alemania. ______ de aquí, de Madrid.

Fernando: Pero ______ alemán, ¿no?

Ana: Sí, ______ alemán. La madre[4] de Pablo ______ de Alemania, de Berlín.

Fernando: Ah... Y vosotros, ¿de dónde ______? ¿De aquí?

Ana: No, no ______ de aquí. Yo ______ de Sevilla y Miguel ______ de México.

Miguel: Sí, de la capital[5], Ciudad de México. ▶

Fernando: Interesante[6]. Y vosotros, ¿ ______________ alemán también?

Miguel: ¿Alemán? ¡Qué va[7]! Pero Ana y yo ______________ un poco de inglés.

Fernando: Yo también. Pues bien, chicos. ¡Hasta luego!

Ana: ¡Hasta luego!

Miguel: Adiós.

1 **Sí, claro.** Ja, klar. 2 **la universidad** Universität 3 **Alemania** Deutschland 4 **la madre** Mutter 5 **la capital** Hauptstadt
6 **interesante** interessant 7 **¡Qué va!** Ach was!

G/4 **12** ▸ **BESTIMMTER ARTIKEL** ▸ ***VOCABULARIO*** | **a) Relaciona y completa con el artículo determinado. | Ergänze die fehlenden Zahlen und den bestimmten Artikel.**

- [10] ______ camarero
- [ ] ______ camarera
- [1] ______ mesa
- [12] ______ silla
- [7] ______ plato
- [11] ______ vaso
- [ ] ______ bocadillo
- [ ] el café
- [ ] ______ clienta
- [ ] ______ cliente
- [ ] ______ periódico
- [ ] ______ zumo de naranja

b) Forma el plural de los sustantivos. | Bilde den Plural der Nomen.

las mesas ______ ______ ______

______ ______ ______

______ ______ ______

______ ______ ______

G/1 **13** ▸ **VERBEN AUF *-ER* UND *-IR*** | **Completa con el verbo correcto. | Welches Verb passt zu den Substantiven? Manchmal gibt es zwei Möglichkeiten.**

______ – un zumo – un café

______ – un periódico – un libro

______ – un bocadillo – un cruasán

______ – un texto – un e-mail

______ – en México – en Madrid

______ – italiano – un texto

G 1 **14** ▸ **VERBEN AUF *-ER* UND *-IR* | Elige el verbo correcto y escribe las frases. | Wähle das passende Verb und schreibe die Sätze.**

1. Los amigos de Pablo (leer / vivir / aprender) en Madrid.

____

2. Sara (aprender / comer / beber) alemán.

____

3. Raúl y yo (vivir / escribir / comer) juntos en la cafetería.

____

4. No hablo francés pero (comer / comprender / vivir) un poco.

____

5. **Pablo:** «Chicas, ¿(vivir / beber / escribir) los textos para la clase de alemán?»

____

6. Miguel (leer / beber / comprender) un zumo de naranja.

____

7. Y tú, ¿dónde (leer / beber / vivir) los libros? ¿En la cafetería o en el instituto?

____

G 7 **15** ▸ **SUBJEKTPRONOMEN ◯ | Completa con los pronombres sujeto. | Ergänze die passenden Subjektpronomen. Schreibe sie in Klammern.**

1. ________ son de México.
2. ________ aprendo español.
3. ¿________ estudias o trabajas?
4. ________ trabajamos en Madrid.
5. ________ escribe un e-mail.
6. ¿________ vivís en Barcelona?

G 8 **16** ▸ **FRAGEPRONOMEN | a) Completa las preguntas. Después contesta. | Vervollständige zunächst die Fragen mit einem Fragepronomen. Beantworte dann die Fragen.**

¿quién? ¿dónde? ¿qué? ¿de dónde? ¿quiénes? ¿cómo?

1. – ¿________ es Pablo? – ________ de Madrid.
2. – ¿________ te llamas? – ________
3. – ¿________ es Teresa? – ________ de Ana.
4. – ¿________ vives? – ________
5. – ¿________ son Ana y Pablo? – ________ de Miguel.
6. – ¿________ tal? – ________
7. – ¿________ eres, Javier? – ________ de Sevilla.
8. – ¿________ escribes? – ________ para la clase de inglés.

b) Haz preguntas. | Stelle fünf Fragen zu den Texten der *Unidad 1*. Verwende dazu unterschiedliche Fragepronomen.

G 1 G 2

17 ▶ VERBEN AUF *-AR*, *-ER* UND *-IR* ▶ *SER* ● | Completa con los verbos. Setze die Verben ein.

1

aprender | estudiar | tomar | ser | comprender | hablar | charlar | escribir | vivir

En una fiesta[1], Ana, Laura y Pablo ______________________,

______________________ algo y bailan[2].

Ana: Oye Pablo, ¿siempre[3] ______________________ español en casa[4]?

Pablo: Mi padre[5] y yo siempre ______________________ español, sí. Pero con mi madre[6] ______________________ español y también alemán. Ella ______________________ de Alemania[7], de Berlín.

Ana: Laura, tú ______________________ alemán en el instituto, ¿verdad?

Laura: Pues sí, ______________________ alemán, pero ______________________ muy difícil[8]. Y en el instituto siempre ______________________ muchos textos...

Pablo: ¿______________________ algo más, chicas?

Ana: Sí, yo una coca-cola.

Laura: Yo también.

Laura: Hola, chicos.

Miguel: Hola. Ella ______________________ Julia, una amiga.

Ana: Hola. ¿Qué tal?

Julia: Bien, gracias. Vosotros ______________________ también en el instituto «Lope de Vega»?

Ana: Yo no. ______________________ en la universidad[9]. Pero Pablo y Laura sí.

Pablo: Julia, ¿de dónde ______________________?

Julia: ______________________ de Alemania, pero ahora ______________________ aquí.

Ana: ¿De Alemania? La madre de Pablo también ______________________ de Alemania.

Julia: ¿De verdad? Y tú, ¿______________________ alemán también?

Pablo: Ja. Ganz gut sogar.

Ana: Je, je, ¿______________________, Laura?

Laura: Pues, un poco.

Julia: El alemán ______________________ difícil.

Laura: ¡Sí!

1 **la fiesta** Party/Feier 2 **bailar** tanzen 3 **siempre** immer 4 **en casa** zuhause 5 **mi padre** mein Vater 6 **mi madre** meine Mutter 7 **Alemania** Deutschland 8 **difícil** schwer 9 **la universidad** Universität

1

AUTOCONTROL

G 6 **1 Forma palabras. | Bilde die Substantive und schreibe sie mit dem bestimmten Artikel auf.**

aero ho insti cafe ja boca teca gas chi gui se
tuto flau puerto ami cos tarra dillos ta teles disco
món cla tería

______ ______ ______
______ ______ ______
______ ______ ______
______ ______ ______

G 8 **2 a) Relaciona. | Verbinde mit Pfeilen.**

1. ¿Dónde	es	Miguel?
2. ¿Cómo	escribe	alemán?
3. ¿De dónde	se llama	Laura en la plaza?
4. ¿Quién	estudian	la hermana de Ana?
5. ¿Qué	aprende	Pablo y Miguel?

b) Contesta las preguntas. | Beantworte die Fragen.

1. ______
2. ______
3. ______
4. ______
5. ______

G 4 G 5 **3 Completa las frases. | Vervollständige die Sätze mit dem bestimmten oder dem unbestimmten Artikel, wo es notwendig ist.**

1. Pablo y Miguel son ______ amigos.
2. Estudian juntos en ______ instituto «Lope de Vega».
3. Laura y Ana, ______ amigas de Miguel y de Pablo, también estudian.
4. ______ hermana de Ana se llama Teresa.
5. Ella no estudia. Trabaja en ______ hotel en Madrid.
6. ______ amigos toman algo en ______ cafetería en ______ Plaza de Neptuno.
7. ______ cafetería se llama «Vips».
8. Laura toma ______ café y Pablo ______ zumo de naranja.
9. ______ chicos beben y charlan.

UNIDAD 2

LA FAMILIA Y LOS AMIGOS

COMPRENSIÓN AUDITIVA

VAMOS **1** 6 **Escucha y completa. | Höre zu und ergänze die Visitenkarten.**

Teresa Rodríguez Álvarez
Avda. Villamayor, 3, 2ºB
28051 Madrid
Teléfono: 91 98 35 27 02
e-mail: ____________________@terra.es

Carlos Nuñez Villanueva
C/ Palomar, 26
____
Teléfono: 95 64 73 80 5
-mail: carlos-villa74@mundo.es

____
Avenida de Portugal, 58, 1°D
08031 Barcelona
Teléfono: 93 85 17 16 85
e-mail: gloria.vidal@yahoo.es

Pedro Osuna García
C/ Santander, 55
48009 Bilbao
Teléfono:
____
e-mail: osuna24@yahoo.es

Mercedes Vergara Vicente
____
37008 Salamanca
Teléfono: 932 45 36 28 7
e-mail: merche@red.es

PASO 2 **2** 7 **Escucha y marca la respuesta correcta. | Höre zu und kreuze die richtige Antwort an.**

DELE

	richtig	falsch	nicht im Text
1. Miguel es estudiante en el instituto «Canalejas».	☐	☐	☐
2. Vive cerca del instituto.	☐	☐	☐
3. Hay una estación de metro cerca de su casa.	☐	☐	☐
4. Dos de sus compañeros son de Barcelona y dos son de Sevilla.	☐	☐	☐
5. Uno de sus compañeros se llama Jordi.	☐	☐	☐
6. María tiene diecisiete años y es de Barcelona.	☐	☐	☐
7. Ella tiene una hermana en Costa Rica.	☐	☐	☐

PASO 3 **3** 8 **Escucha y contesta: ¿Con quién viven estas personas? | Höre zu und beantworte die Frage: Mit wem wohnen die Personen?**

1

____
____
____

2

____
____
____

3
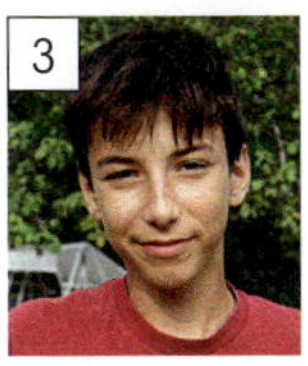
____
____
____

4

____
____
____

COMPRENSIÓN LECTORA

→ Globales Leseverstehen, S. 184

PASO 2 **4** **a) ¿De qué trata el texto? | Worum geht es in dem Text?**

Myspace, facebook, twitter… La comunicación en Internet es hoy la forma moderna de comunicarse. En muchos países *facebook* ya forma parte del día a día[1] de millones de personas. Amigos, estudiantes, padres, abuelos, fans… todos utilizan el Internet para enviar[2] e-mails, fotos, textos y cartas o intercambiar[3] ideas, vídeos o música con amigos en todo el mundo.

«Hasta mi abuelo tiene un ordenador[4]», dice[5] Pedro. «Mis padres viven lejos. Ellos, en Sevilla, yo, en Bilbao. Les envío e-mails todo el tiempo, les enseño mis fotos… es una forma muy sencilla de interactuar con la familia y con amigos que viven lejos. O conocer gente. ¡Y puedo jugar al ajedrez[6] con mi abuelo!» Ya para muchos jóvenes[7] comunicarse por Internet es como una religión: se pasan los días enfrente de la pantalla: actualizan sus fotos, comentan su vida o lo que pasa en el mundo, invitan a amigos a tomar algo por la noche…

1 **el día a día** Alltag 2 **enviar** (ver-)schicken 3 **intercambiar** austauschen 4 **el ordenador** Computer 5 **decir** sagen 6 **el ajedrez** Schach 7 **el/la joven** Jugendliche/r

b) ¿Para qué utiliza la gente el Internet? | Wofür nutzen die Leute das Internet? Markiere die Stellen im Text.

c) ¿Y tú? | Welche der im Text genannten Möglichkeiten nutzt du?

PASO 3 **5** **a) Mira el folleto. ¿Qué ofrece el hotel? | Sieh dir den Prospekt an und beschreibe das Angebot des Hotels auf Deutsch.**

→ Wörter erschließen, S. 180

b) ¿Dónde está el hotel? Busca el lugar en el mapa de España. | Wo befindet sich das Hotel? Suche den Ort auf der Spanienkarte im Buch.

Parador de Ceuta ★★★★

SERVICIOS GENERALES

- Aire acondicionado
- Antena parabólica
- Ascensor
- Bar
- Cambio de moneda
- Distancia a aeropuerto: **100 km.**
- Distancia a estación ferrocarril: **40 km.**
- Distancia a puerto: **2 km.**
- Jardín
- Parking (Sin vigilancia, plazas limitadas)
- Restaurante
- Salón de conferencias
- Tarjetas de crédito

HABITACIONES

- Caja fuerte
- Habitaciones con salón: **29**
- Habitaciones Dobles: **67**
- Habitaciones Dobles (cama de matrimonio): **4**
- Habitaciones Individuales: **6**
- Minibar
- Plazas: **206**
- Teléfono en habitaciones
- Televisión

OCIO Y RELAX

- Piscina de temporada

EXPRESIÓN ORAL

VAMOS **6** **A contar. | Zählt rückwärts von 60 bis 1. Bei jeder vierten Zahl müsst ihr anstatt der Zahl einen der Ausdrücke sagen.**

2

PASO 2 **7** **Llamas a un amigo o a una amiga para quedar para la tarde. | Du rufst eine/n Freund/in an, um dich mit ihr/ihm für den Abend zu verabreden.**

Mit diesem Tandembogen arbeitet ihr zu zweit. Eine/r ist A, der/die andere ist B. Ihr deckt die Hälfte der Seite ab, so dass jede/r von euch nur seine/ihre Spalte sehen kann. Sprecht abwechselnd und korrigiert euch gegenseitig.

A	B
Du begrüßt deine/n Freund/in und fragst, wo er/sie gerade ist.	¡Hola! ¿Dónde estás?
Estoy en la Plaza de España, en una cafetería.	Du bist auf der Plaza de España, im Café.
Du fragst, wie es ihm/ihr geht.	¿(Y) Qué tal?
Pues, fatal. Estoy con mis compañeros del instituto, tenemos que estudiar mucho / un montón.	Gar nicht gut. Du bist mit deinen Klassenkameraden zusammen, ihr müsst eine Menge lernen.
Du fragst, ob die Leute (*chicos*) aus Barcelona auch da sind.	¿Están los chicos de Barcelona allí también?
Sí, y también Teresa, la chica de Sevilla.	Ja, und auch Teresa, das Mädchen aus Sevilla.
Du hast heute Abend Zeit und schlägst vor, euch auf dem Platz mit Carlos zu verabreden um zu reden.	Oye, por la noche tengo tiempo, podemos quedar con Carlos en la plaza para charlar.
¿(Qué) Carlos? ¿De quién hablas?	Welcher Carlos? Von wem redest du?
Von deinem Cousin aus Cáceres.	De mi primo de Cáceres.
¿Cuántos años tiene tu primo?	Du fragst, wie alt der Cousin ist.
Er ist 22 Jahre alt. Er wohnt in Cáceres, aber möchte jetzt in Madrid studieren. Er hält es in Cáceres nicht mehr aus, die Stadt ist sehr klein.	Tiene veintidós años. Vive en Cáceres, pero ahora quiere estudiar en Madrid. Ya no aguanta más en Cáceres, es una ciudad muy pequeña.
¡Estupendo! / Muy bien. Entonces quedamos hoy en la plaza. Pero primero tengo que volver a casa. Mis padres vuelven hoy y queremos cenar juntos.	Du findest die Idee prima und verabredest dich heute auf dem Platz. Aber zuerst musst du nach Hause gehen. Deine Eltern kommen heute zurück und ihr wollt gemeinsam zu Abend essen.
Du schlägst vor, dass dein/e Freund/in jetzt nach Hause geht und ihr euch danach verabredet.	Pues, entonces vuelves a casa ahora y quedamos después, (¿vale?)
Sí. / Muy bien. / Vale. Entonces, ¡hasta luego!	Du bist einverstanden und verabschiedest dich.

EXPRESIÓN ESCRITA

VAMOS **8** **Quieres pasar un año en España. Escribe un e-mail a una familia española y preséntate. | Du möchtest ein Jahr in Spanien verbringen. Schreibe deiner Gastfamilie und stelle dich vor!**

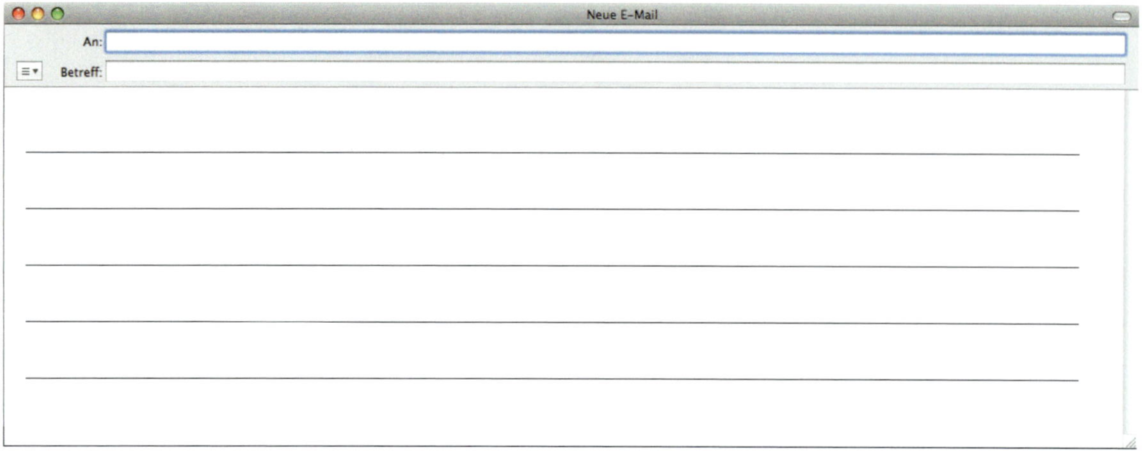

PASO 3 **9** **a) Haz un árbol genealógico de esta familia española. Inventa los nombres. | Zeichne den Stammbaum dieser spanischen Familie in dein Heft (vgl. Buch Seite 29). Erfinde Namen.**

b) Escribe un texto desde la perspectiva de una de estas personas. | Schreibe einen Text aus der Sicht einer der Personen und stelle die Familie vor.

Ejemplo: Me llamo Marco. Tengo 19 años. Tengo una hermana y un hermano. Mi hermano se llama Rafael y tiene 14 años. Sus aficiones son leer y nadar. ...

PASO 3 **10** **a) Erstelle in deinem Heft ein Wortfeld mit den passenden Adjektiven.**

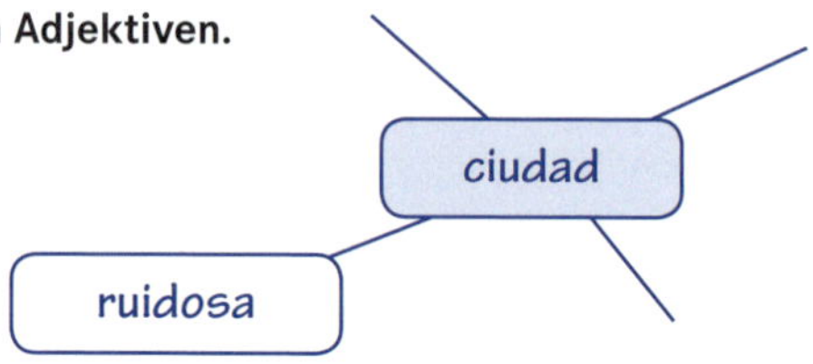

b) Describe la ciudad que ves en el dibujo. | Beschreibe die Stadt auf dem Bild.

GRAMÁTICA Y VOCABULARIO

G 9 G 10 **11** ▶ ***ESTAR/HAY*** **| Completa las frases con una forma del verbo *estar* o con *hay*. | Vervollständige die Sätze mit einer Form von *estar* oder mit *hay*.**

> En la Calle Goya hay **un** bar. (*es gibt*)
> En la Calle Goya está **el** bar «Limón». (*ist, befindet sich*)

En Madrid ________ un montón de estaciones de metro. Miguel y Enrique ________ ahora en la estación de «Goya». Suena el móvil de Laura.

Miguel: Oye, Laura, Enrique y yo ________ cerca de tu casa. Y tú, ¿________ allí?

Laura: Sí, de momento ________ en casa. Y vosotros, ¿ya ________ en mi calle?

Miguel: No. ________ en la calle Goya. ________ una biblioteca aquí cerca. Y también ________ una cafetería.

Laura: Ah sí, allí ________ la cafetería «La Habana». Podemos quedar allí.

Poco después los chicos ________ juntos en la cafetería. Allí ________ un montón de estudiantes. Los chicos hablan de la familia de Miguel y Enrique.

Laura: ¿Dónde vive vuestro padre?

Enrique: En México. Pero nuestra madre ________ aquí. Y nuestro primo Juan ________ en Salamanca.

Miguel: Y en mi curso ________ dos chicas de México.

G 11 **12** ▶ **KONTRAKTION *DEL* | Completa las frases con *de* y el artículo determinado. | Vervollständige die Sätze mit *de* und einem bestimmten Artikel.**

> de + el = del

1. Ana, Laura, Pablo y Miguel son los chicos ________ libro *A_tope.com.*
2. Miguel juega al baloncesto después ________ clases.
3. Ana quiere estar con sus amigos después ________ exámenes.
4. El novio ________ prima de Ana es de Segovia.
5. Tres estudiantes ________ curso de Ana también son de Sevilla.
6. Los padres ________ compañera de Ana viven en Colombia.
7. El chico ________ bar «Limón» se llama Andrés.
8. Aquí están los números ________ chicas ________ discoteca «Luna».

G 12 **13** ▶ **POSSESSIVBEGLEITER | Completa las frases con los determinantes posesivos. | Vervollständige die Sätze mit den Possessivbegleitern.**

1. Laura estudia a veces con ________ amiga.
2. **Miguel:** Oye, Laura, ¿de dónde son ________ primos Mariela y Adrián?

   Laura: ________ primos son de Barcelona.
3. **Laura:** Mariela, ¿________ novio es de Barcelona?

   Mariela: No. ________ novio es de Valencia. ▶

4. – «Chicos, esta es ________ (de vosotros) profesora de inglés, ¿verdad?»
   – «No, ________ (de nosotros) profesora ya es muy mayor.»
5. **Miguel:** ________ padre vive en México.
6. «Mira, ella es Teresa. ________ aficiones son chatear y nadar.»
7. «Vivimos cerca de ________ instituto. ________ amigos también viven cerca.»
8. Ana vive con ________ compañeros de piso en el centro.
9. «¿Coméis con ________ (de vosotros) compañeros de curso?»
10. **Laura:** ________ instituto está lejos.

G 13 **14** ▸ **GRUPPENVERBEN (*E → IE, O → UE*) ○ | Completa la tabla. | Vervollständige die Tabelle und markiere die Formen mit Vokalwechsel farbig.**

Die 1. Person Singular von *tener* und *tener que* ist unregelmäßig!

	querer	pensar	tener	poder	volver
yo					vuelvo
tú			tienes		
él/ella/usted					
nosotros/-as	queremos				
vosotros/-as				podéis	
ellos/ellas/ustedes		piensan			

G 13 **15** ▸ **GRUPPENVERBEN (*E → IE*) | Completa con la forma correcta de los verbos. | Vervollständige die Sätze.**

1. – ¡Hola, Ana! ¿________ (querer) quedar en la plaza? Raúl ________ (querer) jugar al fútbol con sus amigos y yo ________ (tener) tiempo.
   – Pues, muy bien. Pero no ________ (querer) escuchar otra vez tus problemas con Raúl, ¿vale? Y primero ________ (tener que) volver a casa para cenar.
2. – ¿Qué pasa? ¿En qué ________ (pensar / vosotros)?
   – ________ (pensar) en el examen de mañana, ________ (tener que) estudiar un montón.
3. – ¿________ (tener / tú) tiempo hoy?
   – Hoy no, mis padres ________ (tener que) trabajar por la noche y yo ________ (tener que) cuidar[1] a mi hermano.
4. – Chicos, ¿________ (querer) jugar al voleibol?
   – No, hoy no ________ (tener / nosotros) tiempo.
5. – ¿________ (tener / tú) el número de teléfono de Andrés?
   – Sí, ________ (tener) su número, es el 96 74 86.

1 **cuidar** *hier:* aufpassen

G 13 **16** ▸ **GRUPPENVERBEN (*O → UE*) | Escribe un texto para el cómic. | Schreibe einen Text zu dem Comic. Verwende:**

Sonar el móvil de Laura.

«¿*Poder* leer el texto, por favor?»

«¡Laura! ¡En clase no *poder* hablar con tus amigos por móvil!»

«Hoy no *poder* quedar. Mis padres *volver* por la noche.»

1

____

____

2

____

____

3

____

____

4

____

____

G 13 **17** ▸ **GRUPPENVERBEN (*E → IE, O → UE, U → UE*) ● | Completa las frases con la forma correcta de los verbos. | Vervollständige die Sätze mit der richtigen Verbform.**

1. Laura ________________ (pensar) mucho en su novio Raúl.
2. Raúl siempre ________________ (querer) jugar al fútbol.
3. Laura siempre ________________ (volver) con Raúl.
4. ________________ (tener / yo) planes para el verano.
5. ¡Hola, chicos! ¿Qué tal? ¿________________ (jugar) al baloncesto con nosotros?
6. ¡Hola, soy Miguel! ¿________________ (poder) hablar con Ana?
7. Tu primo ________________ (tener) 33 años, ¿verdad?
8. Rafa y sus amigos siempre ________________ (jugar) al fútbol.
9. ¿________________ (tener / tú) tiempo hoy? ________________ (poder / nosotros) quedar.
10. ________________ (pensar / nosotros) en nuestros planes para el verano.
11. ¿________________ (volver / vosotros) en verano?

▶

12. ¿__________ (querer / vosotros) comer un bocadillo en la cafetería?

13. A veces los móviles __________ (sonar) en clase.

G 15 **18** ▶ ***CUÁNTOS/CUÁNTAS*** **| a) Completa las preguntas con *cuántos* o *cuántas* y contesta las preguntas. | Vervollständige die Sätze mit *cuántos* oder *cuántas* und beantworte die Fragen.**

1. ¿__________ chicos hay en tu clase?
   En mi clase hay...
2. ¿__________ chicas hay en tu clase?
   ____
3. ¿__________ alumnos hay en tu clase?
   ____
4. ¿__________ profesores tenéis?
   ____
5. ¿__________ unidades tiene tu libro de español?
   ____

b) Formula tres preguntas más. Tu compañero/-a contesta. I Formuliere drei weitere Fragen. Dein/e Mitschüler/in antwortet.

1. ¿__________?
2. ¿__________?
3. ¿__________?

G 17 **19** ▶ ***MUCHO/POCO*** **| a) Compara las frases. | Vergleiche die Sätze. Was unterscheidet die fettgedruckten Wörter bei a) von denen bei b)? Um was für Wortarten handelt es sich jeweils?**

a) Miguel aprende **mucho**.	a) Pablo come **poco**.	__________
b) Miguel aprende **muchas** palabras.	b) Pablo come **pocos** bocadillos.	__________

b) Completa las frases con una forma de *mucho* o *poco*. | Es passen immer beide Wörter.

1. Los chicos comen __________ bocadillos en la cafetería de la plaza.
2. Laura escribe __________ cartas, pero su novio escribe __________.
3. Los padres de Miguel trabajan __________.
4. __________ profesores del instituto ya son mayores.
5. Pablo quiere jugar __________ al fútbol.
6. __________ gente de la familia está en la boda de Juan y Elena.
7. En la boda la gente bebe __________, ¿verdad?
8. Hay __________ habitaciones confortables y tranquilas en el hotel.
9. Ana habla __________ en la clase de inglés.
10. Enrique piensa __________ en su novia.

G 16 **20** ▸ **ADJEKTIVE | a) Miguel escribe un e-mail a un amigo de México. | Sieh dir die Adjektive in der rechten Spalte an und unterstreiche alle, die du verstehst.**

→ Wörter erschließen, S. 180

Para: mariela19@hotmail.com; adrian85@gmail.com
Asunto: Hola de Madrid

¡Hola, Juan!

¿Qué tal? ¡Ahora vivo en Madrid! Es la capital de España. Es una ciudad muy ________ y ________. Vivimos en una casa ________, pero muy ________. Está en una calle ________. Mi habitación es ________. Ya tengo muchos amigos ________. Son muy ________, sobre todo Pablo. Pablo es súper ________. También es muy ________, sobre todo en cosas de matemáticas. Además tengo amigas. Una se llama Laura y la otra, Ana. Son ________ y también muy ________. El instituto aquí es ________. Estudio dos lenguas: inglés y alemán. ¡El alemán es muy ________! Los exámenes de alemán también son muy ________. Química es mi asignatura ________. Es muy ________ y los exámenes son bastante ________. Mis profesores son ________. Aprendo mucho con ellos. Mi profesor ________ es una mujer. Es la señorita Maripaz. Es una mujer muy ________ y ________. Pero también un poco ________. Mi amigo Pablo también está en mi curso. Ándale, mi vida aquí es ________. ¿Y qué hay de tu vida? Saludos,

Miguel

P.D.: Mi hermano ________ ya tiene novia. Es muy ________. ¡Qué suerte!

grande moderno/-a
pequeño/-a bonito/-a
tranquilo/-a confortable
nuevo/-a simpático/-a
divertido/-a
inteligente
guapo/-a
amable diferente
difícil
difícil
favorito/-a interesante
fácil
genial
favorito/-a
joven elegante
serio/-a
fantástico/-a
pequeño/-a
guapo/-a

b) Completa el e-mail con los adjetivos. | Vervollständige die E-Mail mit den Adjektiven.

c) Intenta adivinar el significado de los adjetivos que no conocías antes. | Überprüfe die Adjektive, die du zunächst nicht verstanden hast. Verstehst du sie jetzt? Warum?

d) En el e-mail de Miguel hay muchas palabras nuevas. ¿Qué significan? | Was bedeuten diese neuen Wörter in Miguels E-Mail?

la capital — súper — las matemáticas — la lengua — la química — la mujer — la asignatura — P.D. — la suerte

2

AUTOCONTROL

G 9 G 10 **1 Completa el texto con *ser*, *estar* y *hay*. | Vervollständige den Text mit den entsprechenden Formen von *ser*, *estar* und *hay*.**

1. – Yo ____________ de Alemania. Y tú, ¿de dónde ____________?
   – ____________ de España, de Galicia.
2. – ¿Dónde ____________ Galicia?
   – ____________ en el norte de España. Galicia ____________ muy bonita.
3. – ¿Dónde ____________ tus hermanos?
   – ____________ en el instituto.
4. En la calle Mayor ____________ una discoteca. ____________ una discoteca muy grande.
5. En la Plaza Nueva ____________ la cafetería «Sol».
6. ____________ muchos coches en el centro de la ciudad.
7. – ¿____________ la hermana de Sara?
   – No, yo ____________ su prima. La hermana de Sara ____________ allí.

G 12 **2 Completa las frases con los determinantes posesivos. | Vervollständige die Sätze mit den Possessivbegleitern.**

Pablo y Miguel están en casa de Miguel.

Pablo: Oye, Miguel, ¿tienes fotos de tu familia en México?

Miguel: Sí, claro, mira. Este es Enrique, ____________ hermano y este es ____________ padre.

Pablo: ¿Y quién es ella? ¿____________ madre?

Miguel: Sí, ella es ____________ madre con ____________ amiga.

Pablo: ¿Y esta es ____________ casa?

Miguel: Sí, exacto, esta es ____________ casa.

Pablo: Y también tenéis un perro[1] ...

Miguel: Sí, este es ____________ perro. Se llama Drago.

Pablo: ¿Y quiénes son ellos?

Miguel: ____________ primos. Se llaman Ixca y Chamanec.

Pablo: ¡Qué nombres!

Miguel: Son nombres de los aztecas.

Pablo: Bueno, ¿y ellos son ____________ padres?

Miguel: No, pero tengo una foto de ____________ padres. ¿Dónde está? Ah, aquí está.

1 **el perro** Hund

UNIDAD 3 EL DÍA A DÍA

COMPRENSIÓN AUDITIVA

VAMOS **1** 9 **Escucha los diálogos y completa la tabla. | Höre die Dialoge und fülle die Tabelle aus.**

diálogo	¿Qué día es hoy?	¿A qué hora empieza ___ / quedan?	¿Cuándo abre ___?	¿Qué empieza/abre?
1				
2				
3				
4				
5				

PASO 1 **2** 10 **Practica la pronunciación y el nuevo vocabulario. Escucha y repite las frases.**

1. ¡Hola! Necesito hacer una llamada telefónica.
2. ¿Cuándo empiezan tus prácticas en la empresa «Arroba»?
3. De lunes a viernes desayuno en la cafetería de la esquina.
4. ¿Cuándo es el próximo festivo? Es el 6 de diciembre, ¿verdad?
5. Los lunes abrimos desde las nueve de la mañana hasta las siete y media de la tarde.

Unterstreiche die Stellen, die dir schwer fallen.

PASO 2 **3** 11 **a) Escucha y marca todas las respuestas correctas. | Höre zu und kreuze alle richtigen Antworten an.**

DELE

→ Globales Hörverstehen, S. 183

Los chicos hablan...

- ☐ del instituto.
- ☐ de la hora de la película.
- ☐ de películas.
- ☐ de sus padres.
- ☐ del cine.
- ☐ de los exámenes.
- ☐ de sus problemas.
- ☐ de música.

11 **b) Escucha otra vez y marca las respuestas correctas.**

→ Selektives Hörverstehen, S. 184

1. Es...
   - ☐ lunes.
   - ☐ viernes.
   - ☐ sábado.
   - ☐ jueves.
2. Van a ver una película...
   - ☐ americana.
   - ☐ alemana.
   - ☐ española.
   - ☐ italiana.
3. Van a ver una película con...
   - ☐ Matt Damon.
   - ☐ Javier Bardem.
   - ☐ Penélope Cruz.
   - ☐ Paz Vega.
4. Van a ver la película en el...
   - ☐ Cinebox Plaza Norte.
   - ☐ Cinebox Alcalá Norte.
   - ☐ Cinebox Parque Corredor.
   - ☐ Multicine Parque Corredor.
5. Van...
   - ☐ en autobús.
   - ☐ en coche.
   - ☐ en metro.
   - ☐ a pie.
6. Ven la película...
   - ☐ a las cuatro y cuarto.
   - ☐ a las seis y cuarto.
   - ☐ a las ocho y media.
   - ☐ a las cinco y media.

PASO 2 **4** **a) Sieh dir das TV-Programm an und markiere alle Sendungen, bei denen du verstehst, worum es geht. Erkläre sie dann deinem/deiner Mitschüler/in auf Deutsch.**

→ Wörter erschließen, S. 180

tve 1	
06.30	**Telediario matinal.** *Informativo.*
09.00	**Los desayunos de TVE.** *Informativo.*
10.15	**La mañana de La 1.** *Magazine.*
14.00	**Informativo territorial**
14.30	**Corazón.** *Magazine.*
15.00	**Telediario.** *Informativo.*
16.05	**El tiempo**
16.15	**Amar en tiempos revueltos**
NOVELA	Alfonso come en exceso para rebasar el peso admitido en su categoría y no tener que competir.
17.00	**Bella Calamidades**
NOVELA	Priscila entra al cuarto de Marcelo y le dice que quiere estar con él; éste la echa sutilmente.
17.35	**En nombre del amor**
NOVELA	Tras oficiar su primera misa después del juicio, Cristóbal anuncia que Paloma es su hija.
18.25	**España directo.** *Informativo.*
20.00	**Gente.** *Magazine.* Presentado por María Avizanda.
21.00	**Telediario.** *Informativo.*
22.05	**El tiempo**
22.15	**Águila Roja**
SERIE	Intérpretes: David Janer, Inma Cuesta, Myriam Gallego.
23.30	**50 años de...** *Documental.*
01.30	**La noche en 24 horas.** *Informativo.*
03.00	**Deporte noche**

tve 2	
06.00	**Teledeporte.** *Deporte.*
07.30	**UNED.** *Divulgativo.*
08.00	**Los conciertos de La 2.** *Musical.*
09.35	**Agrosfera.** *Informativo.*
10.30	**En lengua de signos.** *Informativo.*
11.00	**Parlamento.** *Informativo.*
12.00	**El club de Pizzicato.** *Infantil.*
12.50	**Palabra por palabra.** *Concurso.* Francine Gálvez y Xosé Castro.
13.10	**Tendido cero.** *Taurino.*
13.45	**Sorteo Lotería Nacional.** *Concurso.*
14.00	**Juegos paralímpicos Vancouver 2010.** *Deporte.*
14.45	**Documental.** *Documental.*
15.30	**Programa tarde Premier/ACB.** *Deporte.*
18.00	**Baloncesto Liga ACB** Caja Laboral – Regal Barcelona
20.00	**Magazine Champions League.** *Deporte.*
20.30	**Documental.** *Documental.*
21.30	**No disparen... en concierto.** *Musical.*
22.30	**Para todos La 2.** *Magazine.* Incluye *Nosotros también*, un programa realizado por personas con discapacidad intelectual, con los apoyos profesionales que precisan.
23.30	**La noche temática.** *Reportajes.* Creadores de moda.

CANAL+	
11.35	**Cinexprés**
12.10	**Así se rodó...**
13.30	**Hung.** Amigos raros.
14.00	**NBA Live**
14.15	**Más deporte**
14.30	**Roma criminal**
15.30	**Cine.** *The Spirit* ** EE.UU., 2008. Director: Frank Miller. Int.: Scarlett Johansson, Samuel L. Jackson.
17.10	**Cine.** *El truco del manco* ** España, 2008. Director: Santiago A. Zannou. Int.: Juan Manuel Montilla, Ovono Candela.
19.10	**Mad Men** Capítulo 11.
20.00	**El día del fútbol**
21.00	**Fútbol**
23.35	**Cine.** *Superfumados* * EE.UU., 2008. Dir.: David Gordon Green. Int.: James Franco, Seth Rogen.
01.30	**Canal+ en Hollywood**
01.50	**Cine.** *El incidente* * EE.UU., 2008. Dir.: M. Night. Int.: Mark Wahlberg, Zoey Deschanel.

b) Lies die Programmwünsche von Javi, Andrea und David. Nenne Sendungen, die zu ihnen passen.

Soy un aficionado al deporte. Todos los días juego al fútbol o al baloncesto. Pero a veces mis compañeros no tienen tiempo. Entonces veo algo en la tele.

____

____

____

Yo normalmente no veo las películas y tampoco las series. Sólo veo la tele porque hay mucha información. Por la mañana veo las noticias y por la noche también.

____

____

____

Quiero ver una película, pero no tengo tiempo por la noche. A las ocho tengo clase de guitarra.

____

____

____

EXPRESIÓN ORAL

PASO 3 **5** **Tú tienes una entrevista para unas prácticas en una oficina. Haced el tándem.**

el señor Romero / la señora Romero	tú
Du begrüßt dein Gegenüber freundlich.	(Muy) Buenos días, ___.
Buenos días, señor/a Romero. Perdone el retraso.	Du erwiderst die Begrüßung und entschuldigst dich für die Verspätung. (*perdone...*)
Du sagst, dass das halb so schlimm ist. Er/Sie kann seine/ihre Sachen auf den Tisch legen, dann werdet ihr schon anfangen.	No es para tanto. Puedes poner tus cosas aquí en la mesa y ya vamos a empezar.
Gracias.	Du bedankst dich.
Zum Einstieg fragst du nach seinem /ihrem Alter.	¿Cuántos años tienes?
Tengo ___ años.	Du sagst dein Alter.
Du fragst welche Sprachen (*qué lenguas*) er/sie spricht.	¿Qué lenguas hablas?
Hablo alemán, inglés, ___ y un poco de español.	Du antwortest, dass du Deutsch, Englisch, ___ und ein bisschen Spanisch sprichst.
Du fragst dein Gegenüber, was er/sie denn gerne in eurem Büro lernen möchte.	¿Y qué quieres aprender en nuestra oficina?
Quiero aprender a escribir cartas comerciales y a organizar reuniones.	Du sagst, dass du lernen möchtest, wie man Geschäftsbriefe schreibt und Besprechungen organisiert.
Du sagst, dass er/sie sich vorstellen soll, dass er/sie jetzt eine Besprechung organisieren muss (*Imagínate que ahora...*). Was würde er/sie tun?	Imagínate que ahora tienes que organizar una reunión. ¿Qué vas a hacer?
Pues, primero voy a reservar una sala. Después voy a hacer carteles con los nombres de los participantes y voy a fotocopiar los documentos.	Du sagst, dass du zuerst einen Raum reservieren wirst, dann Namenskärtchen mit den Namen der Teilnehmer machen und die Dokumente für die Teilnehmer fotokopieren wirst.
Sehr gut. Aber manchmal machen die Teilnehmer auch Präsentationen.	Muy bien. Pero a veces los participantes también hacen presentaciones.
Entonces también voy a poner un ordenador portátil. Y voy a poner vasos y bebidas en las mesas.	Dann wirst du auch einen Laptop aufbauen. Und du wirst Gläser und Getränke auf die Tische stellen.
Du zeigst deine Zufriedenheit mit dem Gespräch und sagst, dass er/sie nächsten Monat mit dem Praktikum anfangen kann.	Muy bien. Puedes empezar tus prácticas el próximo mes.
Muchas gracias. ¿A qué hora tengo que llegar/empezar por la mañana?	Du bedankst dich und fragst, um wie viel Uhr du am Morgen kommen sollst.
Du sagst, dass er/sie um 8:30 Uhr anfangen kann.	Puedes empezar a las ocho y media.

EXPRESIÓN ESCRITA

VAMOS **6** **Los planes de Miguel para la semana. Escribe en tu cuaderno qué hace y cuándo lo hace.**

lunes	martes	miércoles	jueves	viernes	sábado	domingo
fútbol *18–20*	*Pablo* *bar «Limón»* *17:30*	*estudiar con Enrique* *15:15–16:15*	*llamar a los abuelos* *23:00*	*cine* *19:45* *(Laura, Ana y Pablo)*	*fiesta en el instituto* *22:00*	*piscina* *9:30*

PASO 1 **7** ○ **| Un día en la vida de Merce – una azafata[1]. Escribe el día de Merce en tu cuaderno. | Verwende möglichst viele Wörter aus dem Kasten.**

Ejemplo: Se levanta siempre muy temprano, a las cinco y cuarto de la mañana.

por la mañana/tarde/noche · a veces · a la una / a las ___ de la mañana/tarde/noche · al mediodía · (casi) siempre · primero / después / al final

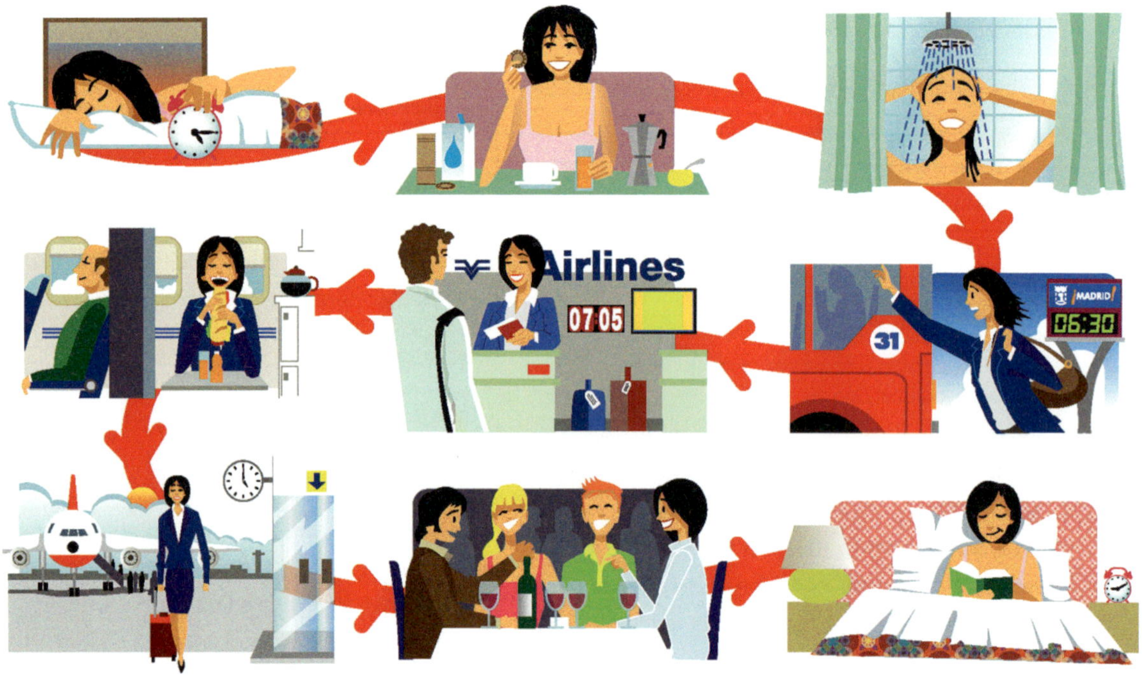

1 **el /la azafato/-a** Flugbegleiter/in, Steward/ess

PASO 1 **8** ● **| Imagina y escribe el día de una de estas personas en tu cuaderno.**

→ Das zweisprachige Wörterbuch benutzen, S. 197

1 **el/la camarero/-a** Kellner/in 2 **el/la peluquero/-a** Friseur/in 3 **el/la artista** Künstler/in

9 ▶ **ZAHLEN | Escribe la hora formalmente. Ojo a la ortografía de los números.**

1. 19:51 Son las diecinueve horas y cincuenta y un minutos.
2. 09:23 ____________________
3. 10:30 ____________________
4. 23:38 ____________________
5. 10:16 ____________________
6. 13:11 ____________________
7. 13:56 ____________________
8. 14:00 ____________________
9. 00:26 ____________________
10. 01:14 ____________________

10 ▶ ***VOCABULARIO*** **| Busca los antónimos. Luego escribe una frase con cada una de las palabras o con su antónimo.**

el día ____________________

____

levantarse ____________________

____

abrir ____________________

____

también ____________________

____

temprano ____________________

____

G 19

11 ▶ **KONJUGATION DER VERBEN** ▶ **REFLEXIVE VERBEN ● | Completa las frases con los verbos y cuenta el día de Laura.**

acostarse · ver · comer (2 x) · chatear · ser (2 x) · tener · trabajar · leer · levantarse · ducharse · quejarse · navegar · quedarse · llevarse · beber

Hoy ____________ el 12 de octubre. ____________ un día festivo en España y Laura no ____________. Hoy no ____________ prisa. ____________ a las diez. ____________ un bocadillo y ____________ un zumo de naranja. Después ____________ y ▶

__________ un libro. La compañera de su padre es muy simpática y Laura __________ muy bien con ella. Al mediodía __________ todos juntos. El padre de Laura __________ un poco de su trabajo. Por la tarde Laura __________ y __________ en Internet. __________ todo el día en casa. Por la noche todos __________ juntos la tele y a las once Laura __________.

G 20 **12** ▶ ***IR/VENIR*** ○ | **Practica la conjugación y el uso de *ir* y *venir*.**

Laura vuelve a casa. Ahí está su padre.

Laura: ¿Adónde __________, papá?

Padre: __________ a la oficina. Y tú, ¿de dónde __________?

Laura: __________ del insti. Pero luego __________ a casa de Ana. Queremos __________ a un concierto en el Club Calderón.

Padre: ¿Y quiénes __________ con vosotras?

Laura: Pablo __________ con nosotras también, pero Miguel no.

Padre: Muy bien. Oye, mañana llama a tu tía. Trabaja en Madrid esta semana.

Laura: De acuerdo. ¿Cuándo __________?

Padre: El jueves.

Laura: Puedo quedar con ella en el centro. ¿__________ juntos?

Padre: Sí, buena idea. Hija, tengo prisa, ahora __________ a la oficina, ¿vale? No quiero llegar tarde.

Laura: Sí, luego se enfada tu jefe...

G 20 **13** ▶ ***IR/VENIR*** ● | **Dilo en español. Practica el uso de *ir* y *venir*.**

1. Wann kommen deine Freunde?

____

____

2. Kommst du morgen zu Pablos Party?

____

____

3. Marta kommt immer mit dem Bus zur Arbeit.

____

____

4. Ich komme heute Abend zu dir nach Hause.

____

____

14 ▸ ***POR QUÉ / PORQUE*** | **Preguntas y respuestas. Lee el texto de la página 35 del libro del curso. Luego escribe las respuestas a las siguientes preguntas.**

1. ¿Por qué Laura se levanta muy temprano?

____

____

2. ¿ Por qué Laura a veces llega tarde a la oficina?

____

____

3. ¿Por qué la jefa de Laura se enfada a veces?

____

____

4. ¿Por qué Laura no se queja?

____

____

G 22 **15** ▸ **DIREKTES OBJEKT BEI PERSONEN | La vida cotidiana de Eva. | Ergänze mit der Präposition *a*, wo es notwendig ist.**

Siempre me levanto temprano. Desayuno ________ un vaso de leche y ________ galletas. A las ocho cojo ________ el autobús y voy a la oficina. Allí escribo ________ cartas comerciales y mando ________ facturas ________ los clientes. A veces también tengo que organizar ________ reuniones. Al mediodía como ________ una ensalada. Por la tarde visito ________ mi amiga Sara y charlo un rato con ella. Por la noche llamo por teléfono ________ mi madre y veo ________ una película en la tele.

G 21 G 22 **16** ▸ **DIREKTES OBJEKT BEI PERSONEN** ▸ **KONTRAKTION *AL*** | **¿En qué frases tienes que utilizar la preposición *a*? Pon también el artículo si hace falta. | Ergänze mit der Präposition *a* und auch mit dem bestimmten Artikel, wo es notwendig ist.**

1. La profesora tiene que llamar ______________ padres de Pablo porque su examen está mal.
2. No aguanto ______________ clase de inglés. Es demasiado aburrida.
3. Tenemos que recoger ______________ primo de mi amigo del instituto.
4. El fin de semana vemos ______________ una película con Javier Bardem.
5. ¿Cuándo necesitáis ______________ mis deberes?
6. Miguel no ve mucho ______________ su familia de México.
7. Laura ya no aguanta ______________ novio de su compañera de trabajo.

G 23 **17** ▸ ***IR A* + INFINITIV | Mira la agenda de Ana. Después completa el diálogo entre Ana y Laura y escríbelo en tu cuaderno. Utiliza el futuro próximo.**

lunes 25	martes 26	miércoles 27	jueves 28	viernes 29	sábado 30	domingo 31
9-17 prácticas	9-17 prácticas	9-17 prácticas	9-17 prácticas	9-17 prácticas		20:30 ir al cine con Pablo y Miguel
estudiar para el examen de Empresariales	19-21 clase de salsa	cocinar y cenar con los compañeros de piso	fiesta en la oficina con los compañe-ros de trabajo	llega Silvia de Sevilla	¿?	

Laura	Ana
¿Cuándo quedamos esta semana?	Esta semana no puedo, tengo mis prácticas.
Pero no tienes prácticas por la noche. ¿Qué tal el lunes a las ocho?	No, ___
¿Y el martes?	Tampoco, ___
¿Y qué tal ___?	___
¿___?	___
¿___?	___
¿___?	¡Sí! El sábado puedo.
¡Qué bien! ¿Entonces a las ocho en el bar «Limón»?	No, prefiero ___
Vale. Entonces ___	

G 24 **18** ▸ ***HACER/PONER/SALIR* | Un correo de Eva a su amiga Elena. Practica la conjugación de los verbos entre paréntesis.**

Para: elena91@terra.es
Asunto: Saludos

Hola, Elena, ¿qué tal?

Por aquí todo bien. Mi vida cotidiana es tranquila: a las ocho ___ (salir) de casa y a veces tengo que correr para llegar puntual. En la oficina ___ (hacer) llamadas telefónicas y ___ (poner) fax. Por la tarde ___ (salir / nosotros) a las seis y entonces voy a casa...

Y tú, ¿qué ___ (hacer) normalmente? ¿Y a qué hora ___ (salir / tú) del trabajo? Y tu amigo Javier, ¿qué ___ (hacer / él)? ¿Todavía ___ (salir / vosotros)?

Bueno, a ver si ___ (salir / nosotras) un día juntas...

Besos, *Eva*

AUTOCONTROL

G 19 **1 Completa el texto con los verbos entre paréntesis. | Vervollständige den Text mit den Verben in Klammern.**

1. El amigo de Laura ______________ (llamarse) Pablo.
2. Pablo ______________ (levantarse) todos los días a las siete.
3. El padre de Pablo siempre ______________ (quejarse) de su trabajo y a veces ______________ (quedarse) en la oficina hasta las diez de la noche.
4. Pablo ______________ (llevarse) bien con su padre y los dos ______________ (quedarse) muchas veces en casa para charlar.
5. Los sábados Pablo ______________ (acostarse) muy tarde.

G 20 **2 Completa el diálogo con los verbos *ir* y *venir*.**

Marta: Hola, Antonio, ¿qué tal?, ¿adónde ______________?

Antonio: Hola, Marta. ______________ a casa de mi padre. ¿Y tú?

Marta: Inés y yo ______________ al cine a las cuatro. ¿______________ (tú) con nosotras?

Antonio: No puedo. He quedado con Carlos.

Marta: Bueno, ¿por qué no ______________ (vosotros) entonces Carlos y tú?

Antonio: Vale, ______________ (nosotros) los dos.

G 23 **3 Practica el futuro próximo: ¿Qué van a hacer hoy? Escribe las frases.**

1. Primero Laura / ducharse.

____

2. Luego ella y su padre / preparar el desayuno.

____

3. Después Laura / coger el autobús.

____

4. En la oficina / escribir cartas comerciales.

____

5. Al mediodía Laura y sus compañeras de trabajo / comer juntas.

____

6. Por la noche Laura, Ana y Miguel / cenar juntos.

____

UNIDAD 4 ¿TE GUSTA?

COMPRENSIÓN AUDITIVA

VAMOS **1** 12 **a) Escucha y relaciona. ¿De qué hablan los chicos? | Von welchen Hobbys sprechen die Personen? Verbinde mit Pfeilen.**

→ Selektives Hörverstehen, S. 184

1. Carmen | 2. Javi | 3. Maite | 4. Andrés | 5. Sara

12 **b) Escucha otra vez y explica: ¿qué dicen los chicos sobre las aficiones? | Was genau sagen die Personen über die Hobbys?**

→ Detailgenaues Hörverstehen, S. 184

1. A Carmen le gustan mucho ______________________ pero no le gustan nada ______________________
2. A Javi ______________________
3. ______________________
4. ______________________
5. ______________________

PASO 3 **2** 13 **Escucha y apunta: ¿qué dicen los chicos sobre sus hermanos? | Höre zu und notiere: Wie beschreiben die Personen das Aussehen und den Charakter ihrer Geschwister?**

David
- alto
- tiene el pelo ______
-

Iliana

COMPRENSIÓN LECTORA

PASO 1 **3** **Lee el folleto y contesta las siguientes preguntas.**

1. Wie lange dauern die Kurse?
2. Wie viele Teilnehmer gibt es maximal pro Kurs?
3. Auf welchen Sprachstufen wird Spanisch angeboten?
4. Wie viele Unterrichtsstunden pro Tag hat man bei dem 80-stündigen Intensivkurs?
5. Wie viel kosten drei Monate des 80-stündigen Intensivkurses?
6. Was heißt wohl das Wort „descuento"?
7. Was ist bei der Kursvariante **b)** zu beachten?
8. Was verstehst du von den Kursinhalten?
9. Was passiert am ersten Tag?
10. Was kann man für 14 Euro bekommen?

4

CURSO INTENSIVO DE LENGUA ESPAÑOLA

Cursos: mensuales y quincenales[1]

Grupos: máximo 8 estudiantes

Niveles[2]: **A1** (Iniciación)

A2 (Medio bajo)

B1 (Medio)

B2 (Medio alto)

C1 (Avanzado)

C2 (Superior)

Opciones:

a) Opción 80 hs/ mes (4 hs/día)	512 €*
b) Opción 40 hs/ mes (2 hs/día)	298 €
c) Opción 40 hs/ 2 semanas (4 hs/día)	298 €

* **Descuento:** 2.º y 3.er mes 5 % y 10 %

* **Oferta:** 3 meses: 1.408 €

* **Oferta:** 6 meses: 2.765 €

El curso **b)** sólo en los niveles Medio alto, Avanzado y Superior.

Fechas de los cursos: ver en la hoja de inscripción.

ESTRUCTURA DEL CURSO

CONTENIDOS FUNCIONALES Y GRAMATICALES
PRÁCTICAS CONTEXTUALIZADAS
COMPRENSIÓN LECTORA – COMPRENSIÓN ORAL
VALORACIONES DE TAREAS
EXPRESIÓN ESCRITA
PRÁCTICA COMUNICATIVA
CONTENIDOS SOCIO-CULTURALES
CONTENIDOS LÉXICO-FONÉTICOS
VOCABULARIO

Pruebas[3] de clasificación

El primer día del curso, los alumnos serán clasificados según sus conocimientos[4] orales y escritos de la lengua.

Certificado de estudios

Los alumnos matriculados tendrán derecho a recibir un CERTIFICADO DE ESTUDIOS con el número total de horas y calificación, en caso de que la hubiera, expedido por la escuela.

Precio de expedición: 14 €

1 **quincenal** vierzehntätig 2 **el nivel** Niveau, Stufe 3 **la prueba** Test 4 **el conocimiento** Kenntnis

EXPRESIÓN ORAL

PASO 2 **4** **Haced el tándem.**

A	B
Du begrüßt deine/n Freund/in und fragst, wie es ihm/ihr geht.	Hola, ¿qué tal? / ¿cómo estás?
Me estoy poniendo un poco nervioso/-a porque mañana empiezan mis prácticas en la oficina.	Du bist ein bisschen nervös, weil morgen dein Praktikum im Büro beginnt.
Du fragst ihn/sie, was er/sie anziehen wird.	¿Qué te vas a poner?
No tengo ni idea todavía.	Du hast noch keine Ahnung.
Du fragst, ob er/sie vielleicht einen Anzug / eine Bluse anziehen wird.	¿Tal vez (te vas a poner) un traje / una blusa?
No, no tengo ganas. Prefiero llevar vaqueros y un jersey.	Dazu hast du keine Lust. Du ziehst es vor, Jeans und Pulli zu tragen.
Du fragst, warum er/sie nicht den Pulli anzieht, den er/sie gerade trägt. Es ist sehr hübsch.	¿Por qué no te pones el jersey que llevas ahora? Es muy bonito.
¡Es una buena idea! No es demasiado elegante ni demasiado deportivo.	Das ist eine gute Idee! Er ist weder zu elegant noch zu sportlich.
Ja. Und außerdem passt dieser Pulli sehr gut zu blauen Jeans. Was fehlt noch? Vielleicht eine Jacke?	Sí. Y además, este jersey va muy bien con vaqueros azules. ¿Qué más falta? ¿Tal vez una chaqueta?
Tengo una chaqueta marrón bastante nueva.	Du hast eine ziemlich neue braune Jacke.
Na perfekt. Themawechsel: Du fragst deine/n Freund/in, wohin er/sie gerade geht. Du fragst, ob er/sie Lust hat, einen Café zu trinken.	Entonces/Pues perfecto. Cambiando de tema, ¿adónde vas ahora? ¿Tienes ganas de tomar un café?
Sí, por qué no. ¿Tú novio/-a también viene?	Ja, warum nicht. Du fragst deine/n Freund/in, ob seine/ihr feste/r Freund/in auch mitkommt.
Nein, er/sie spielt gerade Tennis.	No. Ahora (él/ella) está jugando al tenis.
A mí me gusta mucho el tenis. Podemos ir a jugar juntos el sábado, ¿qué te parece?	Du magst Tennis sehr gerne. Du schlägst vor, dass ihr am Samstag zusammen spielen geht und fragst deine/n Freund/in, was er/sie davon hält.
Also, dir gefällt Tennis überhaupt nicht. Aber am Samstag Abend ist ein Elektro-Konzert in der Diskothek „Cabo Loco". Du fragst deine/n Freund/in, ob er/sie Lust hat, mit euch zu kommen.	Pues, a mí el tenis no me gusta nada. Pero el sábado por la noche hay un concierto de música electrónica en la discoteca «Cabo Loco». ¿Tienes ganas de venir con nosotros?
¡Con mucho gusto! Me encanta la música electrónica.	Sehr gerne! Du liebst Elektro-Musik.
Gut, und wohin gehen wir jetzt? Ins Café am Plaza de Cuba?	Bueno, y ahora, ¿adónde vamos? ¿A la cafetería de la Plaza de Cuba?
Vale, ¡vamos!	In Ordnung. Gehen wir!

EXPRESIÓN ESCRITA

PASO 2 **5** **Laura, Ana y Miguel van a una tienda de ropa. Escribe el diálogo en tu cuaderno.**

→ Kreatives Schreiben, S. 195

PASO 3 **6** **Welche dieser Personen spricht dich an? Beschreibe ihn/sie in deinem Heft: Wie sieht er/sie aus? Wie stellst du dir seinen/ihren Charakter vor? Was gefällt ihm/ihr und was gefällt ihm/ihr nicht?**

→ Eine Personenbeschreibung verfassen, S. 191

G/25 **7** ▶ ***ESTAR + GERUNDIO*** ○ | **a) ¿Qué están haciendo ahora? Completa con una forma de *estar* y el gerundio de los verbos que están entre paréntesis.**

1. Laura ______________________ (escuchar) música.
2. Raúl y Dani ______________________ (navegar) en Internet.
3. Pablo ______________________ (escribir) un correo.
4. La madre ______________________ (preparar) la cena.
5. Cristina y Araceli ______________________ (pensar) en la fiesta del sábado.
6. La abuela ______________________ (leer) el periódico.
7. Lucía ______________________ (beber) un café.
8. El padre ______________________ (trabajar).
9. Ana ______________________ (hacer) los deberes.
10. Raquel ______________________ (comer).

● **b) Ahora Pablo cuenta en un correo a Laura lo que él y otros están haciendo. Completa con una forma de *estar* y gerundio.**

estudiar, poner, trabajar, leer, hablar, hacer (2 x), correr, comer, escuchar

Para: laumoji@hotmail.es
Asunto: ¿Qué estás haciendo?

¡Hola, Laura! ¿Qué ______________________ (tú)? Yo ahora ______________________ la radio. Por aquí, Cristina y Raquel ______________________, la abuela ______________________ por teléfono, mi madre ______________________ deporte y el gato y el perro ______________________ por la casa. ¿Y vosotras, ______________________ ya? ¿O todavía ______________________?

La canción que ______________________ en la radio me gusta mucho, es una de Miguel Bosé.

Bueno, ahora voy a hacer los deberes, en el instituto ______________________ (nosotros) un libro muy difícil.

Besos,

Pablo

G 26
G 27

8 ▶ **DAS INDIREKTE OBJEKTPRONOMEN** ▶ **VERBEN VOM TYP *GUSTAR*** | **Sara está haciendo una entrevista en el instituto. Completa con los pronombres y con las formas correctas de los verbos *gustar* y *encantar*.**

Sara: Hola, soy Sara. Hoy estoy haciendo una entrevista para saber qué ________ ________________ a los chicos y chicas del instituto. ¿Cómo os llamáis?

Marta: Hola, yo me llamo Marta.

Elena: Y yo me llamo Elena.

Sara: Bien. Y a vosotras, ¿qué ________ ________________?

Marta: A mí ________ ________________ mucho ir al cine. ________ ________________ mucho las comedias románticas. Y también ________ ________________ escuchar música y leer. ________ ________________ mucho las novelas de Isabel Allende. Y también ________ ________________ ir a museos.

Sara: Y a ti, Elena, ¿qué ________ ________________ a ti?

Elena: A mí ________ ________________ jugar al baloncesto. También ________ ________________ ir al cine, pero no ________ ________________ las comedias románticas, ________ ________________ las películas de acción. Y ________ ________________ leer, ________ ________________ mucho los libros de Arturo Pérez Reverte.

Sara: ¿Y (a vosotras) ________ ________________ ir al instituto?

Elena: Bueno... Sí... A nosotras ________ ________________ el instituto, pero los exámenes no ________ ________________ mucho.

Sara: Gracias, chicas. ¿Alguna cosa más? ¿Algo que no os gusta nada?

Elena: A mí no ________ ________________ nada ir de compras, ¡es muy aburrido!

Marta: Y a mí no ________ ________________ nada el fútbol.

Sara: ¿Y a los chicos? ¿Qué ________ ________________ y qué no ________ ________________?

Elena: Bueno, a los chicos ________ ________________ mucho los deportes, a Miguel ________ ________________ el fútbol y el baloncesto. Y a Pablo ________ ________________ también leer y ________ ________________ mucho la música.

Marta: ¡Y a los chicos no ________ ________________ nada los deberes!

4

G 28 G 29 **9** ▶ **DIE VERBEN *DAR* UND *DECIR* | Encuentra los verbos y apúntalos.**

dasdecimosdandicendecísdoydadigodicesdaisdamosdais

______ ______ ______

______ ______ ______

______ ______ ______

______ ______ ______

G 30 **10** ▶ ***CUÁL/CUÁLES* UND *QUÉ* | Ana y Pablo van de compras y al cine. Completa los diálogos. | Ergänze die Dialoge.**

1. **Ana:** ¿______ libro quieres comprar?
   Pablo: No sé. Una novela. ¿______ te gusta a ti?
   Ana: ¡Una novela de Javier Marías!
   Pablo: Pero, ¿______ novela?
2. **Pablo:** ¿______ vestido quieres comprar?
   Ana: ¿______ te gusta a ti?
   Pablo: ¡El rojo!
3. **Ana:** ¿______ película vemos?
   Pablo: No sé... ¿Una película de Almodóvar?
   Ana: Vale, pero, ¿______?
4. **Ana:** ¿______ de los bocadillos te gusta más? ¿El de jamón o el de queso?
   Pablo: No sé... ¿______ bocadillo tomas tú?
5. **Marta:** Quiero unos pantalones.
   Vendedora: ¿______ te gustan?
   Marta: Los azules.

G 31 **11** ▶ **DIE DEMONSTRATIVPRONOMEN | En una tienda. Completa las frases con *este/ese*, *esta/esa*, *estos/esos*, *estas/esas*.**

1. – ______ camisetas de aquí son muy bonitas. ¿Nos compramos una?
   – No, son muy caras. ______ de allí son más baratas.
2. – ______ pantalones son pequeños.
   – Prefiero ______ que están detrás de la caja, son más grandes.

▶

3. – En ____________ tienda la gente es muy amable.
   – En ____________ tienda al otro lado de la calle no son tan simpáticos.

4. – ¿____________ autobús es de nuestra línea?
   – No, es ____________, el de la línea 4 que está llegando.

G/32 **12** ▸ **DAS RELATIVPRONOMEN *QUE* | Une las frases con *que* como en el ejemplo:**

1. Tenemos un nuevo profesor de inglés. El profesor es muy simpático.
   Tenemos un nuevo profesor de inglés que es muy simpático.
2. Laura está leyendo un libro. El libro es muy interesante.
   ____
3. Nosotras estamos viendo una película. La película es de acción.
   ____
4. Laura trabaja en una empresa. La empresa es de informática.
   ____
5. Tengo unos pantalones nuevos. Los pantalones son rojos y me gustan mucho.
   ____

G/34 **13** ▸ **DER GEBRAUCH VON *SER* UND *ESTAR* | a) Describe a las personas. Completa los espacios libres con los verbos *ser* o *estar*. | Fülle die Lücken mit den entsprechenden Formen von *ser* oder *estar* aus.**

1. Me llamo Carlos. ____________ alto y también ____________ un poco gordo. ____________ un chico alegre y tranquilo, pero hoy ____________ nervioso porque tengo un examen.
2. Yo ____________ Elena. ____________ alta y delgada. También ____________ tranquila y alegre. Hoy ____________ muy contenta porque no tengo deberes.
3. La señora Madera ____________ inteligente y simpática. Hoy ____________ seria porque tiene una reunión muy importante.
4. Laura ____________ una chica joven, alta y delgada. Hoy ____________ muy guapa porque tiene una fiesta.

b) Describe ahora a dos amigos/-as.

G 34 **14** ▸ **DER GEBRAUCH VON *SER* UND *ESTAR* | Presenta a estas personas. Utiliza los verbos *ser* o *estar*.**

¿Quién?	Pepa Alonso García	Jorge Baeza Fernández
¿De dónde?	Salamanca (España)	Quito (Ecuador)
¿Cómo?	pelirroja, divertida, baja, inteligente	rubio, serio, deportivo, alto
¿Qué?	actriz[1]	profesor de francés
¿Dónde?	en un teatro de Madrid	en el instituto
¿Qué tal?	bastante nerviosa	un poco triste

1 **la actriz** Schauspielerin

AUTOCONTROL

G 26 G 27 **1 Completa el diálogo con los pronombres y la forma correcta del verbo entre paréntesis.**

Carmen: ¡Hola, Marta! ¿Quieres ir a un concierto de Joaquín Sabina conmigo? Mi hermano Juan tiene entradas y ________ (a nosotras) puede dar tres. Tu hermana Lucía puede venir también.

Marta: ¡Fenomenal! A mí Sabina ________ ____________ (gustar) mucho y a Lucía ________ ____________ (gustar) mucho también. Pero, ¿qué ________ pongo para el concierto?

Carmen: ________ puedes poner tu vestido rojo.

Marta: No, el vestido rojo ya no ________ ____________ (gustar).

Carmen: Entonces los pantalones grises y la blusa lila, ________ (a ti) quedan muy bien.

Marta: No, los pantalones ________ (a mí) quedan muy ajustados.

Carmen: ¿Y los marrones? A mí ________ ____________ (gustar) mucho tus pantalones marrones.

Marta: Pero no tengo chaqueta para los pantalones marrones.

Carmen: ¿Por qué no ________ pruebas mi chaqueta rosa? Creo que ________ queda bien.

Marta: Bueno, vale, gracias.

G 25 **2 ¿Qué están haciendo ahora? Relaciona las columnas. | Verbinde mit Pfeilen.**

1. Nosotros	estoy estudiando inglés.
2. Yo	está haciendo los deberes.
3. Los chicos	estás leyendo?
4. Ahora Miguel	está preparando la cena.
5. ¿Y tú, qué	están jugando al fútbol.
6. La abuela	estamos escribiendo cartas.
7. ¿Qué	estáis haciendo vosotros?

G 34 **3 Completa con *ser* y *estar* la carta de Pedro desde Berlín.**

¡Hola, familia! ¿Qué tal ____________? Yo ____________ muy bien. ____________ muy contento porque Berlín me gusta mucho. ____________ una ciudad muy interesante y ____________ muy grande. El curso de alemán me gusta. La profesora ____________ muy simpática. ____________ alta, delgada y muy joven. También ____________ inteligente, pero ____________ muy seria. Mis compañeros Salvatore y Luigi ____________ muy simpáticos. ____________ italianos, de Roma. Y mi compañera Virginie ____________ muy alegre. ____________ de París. Hoy ____________ muy nerviosa porque tenemos el examen de alemán.

Besos, Pedro

UNIDAD 5 EN MADRID

COMPRENSIÓN AUDITIVA

PASO 1 **1** 14 a) Escucha las conversaciones en la oficina de turismo y apunta los nombres de los edificios que hay en el plano. | Schreibe die Gebäudenamen in die gelben Felder.

14 b) Escucha otra vez. ¿Cómo se llama la calle que no lleva nombre en el plano? | Wie heißt die Straße, die auf dem Plan nicht benannt ist?

____

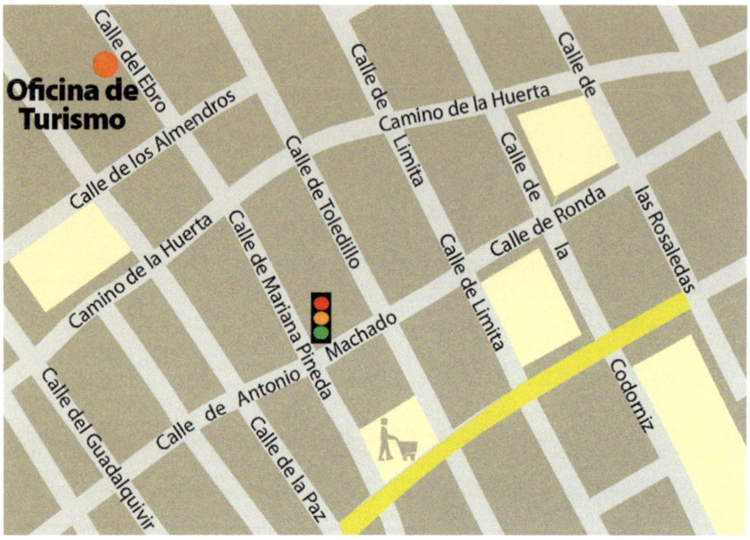

PASO 3 **2** a) ¿Cómo se llaman los alimentos? | Wie heißen die Lebensmittel? Schreibe die Namen in die erste Spalte der Tabelle.

15 b) Escucha el diálogo. ¿Qué va a comprar Pedro? | Kreuze in der zweiten Spalte die Lebensmittel an, die Pedro kaufen wird.

15 c) Escucha otra vez. ¿Cuántos paquetes/botellas/gramos/etc. va a comprar? | Schreibe in die dritte Spalte die Mengen, die er kaufen wird.

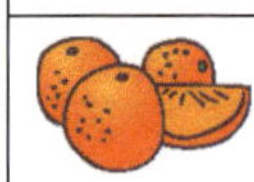		

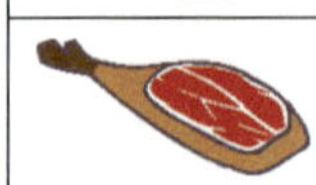		

PASO 1 **3** **Lee los anuncios y completa la tabla.**

1

HABITACIÓN PARA ESTUDIANTE ERASMUS A PARTIR DE JULIO CON WIFI (RETIRO – ATOCHA)

Descripción

Somos 3 chicas entre 26 y 28 años que buscamos compañera de piso para entrar en el mes de julio. El precio de la habitación sería de 250 €/mes (más 3 meses de fianza) y solemos poner 50 euros más al mes para los gastos comunes (agua, gas, electricidad, teléfono fijo, internet, detergente, productos de limpieza, etc).

El metro más cercano es el de Ibiza, pero los de Goya o Príncipe de Vergara están a 5 minutos a pie.

Para más información, pueden llamarnos a cualquiera de estos teléfonos:
Graciela: 637435351
Tamara: 668491295

2

MUY BARATO – ¡SÓLO 165 € AL MES!

Descripción

¡Hola! Somos dos chicos y una chica, todos estudiantes (Historia, Ed. infantil y oposiciones) que buscamos un compi de piso para el próximo curso.

El piso está en la C/ Calatrava 17, son 165 € al mes y lo único que hay que pagar aparte es la luz. Es muy luminoso, dos cuartos de baño, patio…

¡¡Pásate y echa un vistazo!!

Ester: 670532656 -- ester_arquimabo@rubired.com
Damian: 65147403 -- d_a_m_i_a_n22@terra.es

Precio: 165 € por mes
Localización: Ciudad Real

3

250 € POR MES – SE BUSCA COMPAÑER@ PARA ENTRAR AHORA EN TEATINOS

Descripción

Somos un chico (peluquero) y una chica (estudiante de día, camarera de noche) y buscamos un/a compañero/-a para entrar ahora. El piso está situado en Teatinos, junto a la Ciudad de la Justicia. Hay un supermercado en el mismo edificio. El piso está bien amueblado y totalmente equipado, en buenas condiciones y listo para entrar. Se busca un/a compañero/-a ordenado y limpio, NO FUMADOR. Dispondría de baño propio. El precio es de 250 € al mes (comunidad incluida). El bloque incluye piscina, zona comunitaria y jardines. URGENTE. :-)

	Anuncio 1	Anuncio 2	Anuncio 3
¿Para cuándo buscan?			
¿Cuánto cuesta la habitación?			
¿Dónde está el piso?			
¿Qué persona buscan?			
¿Cómo se llaman los compañeros?			

PASO 3 **4** ● | **a) Mira las palabras nuevas en la tabla. ¿Qué piensas que significan? | Erschließe dir die neuen Wörter, indem du die Tabelle ausfüllst.**

→ Wörter erschließen, S. 180

Neues Wort	Verwandtes Wort im Deutschen oder einer Fremdsprache	Verwandtes Wort im Spanischen	Wortart	(ungefähre) Bedeutung
dietético/-a	Deutsch: Diät, diätetisch; Englisch: diet		Adjektiv	irgendetwas mit Diät zu tun haben
el estudio		estudiar	Nomen	die Studie
consumir				
el consumo				
el comprador				
energético/-a				
la fruta				
el mineral				
la ocasión				
la preferencia				
preferido/-a				
la vitamina				

b) Lee el artículo y deduce el significado de las palabras de la tabla. | Lies den Artikel und erschließe dir so die neuen Wörter in der Tabelle auf der nächsten Seite. Achte besonders auf den Kontext.

Naranja, manzana y plátano, las preferidas

La naranja es la fruta preferida de los españoles, y la más consumida, seguida por la manzana y el plátano, según el estudio de Dole. La media del consumo diario es de dos piezas como máximo, y este número aumenta entre los mayores de 55 años, especialmente en las mujeres, ya que el 29 % consume más de 3 piezas. Las comunidades que más fruta consumen son Valencia y Asturias, y las que menos Galicia y Cataluña.

En cuanto al plátano y la piña, se trata de las frutas que presentan los resultados más dispares, tanto sobre la percepción de sus atributos como en las preferencias por sexos. La piña es la favorita de las mujeres, y a ella se le atribuyen un carácter dietético, un aporte en fibra y vitaminas, y la ayuda para perder peso. Por otro lado, del plátano, el preferido por los hombres, se destaca su carácter energético, y su aporte en vitaminas y minerales.

La media de veces que se realiza la compra de fruta en los hogares es de una o dos ocasiones por semana, y la impulsora casi siempre es la madre de la familia. Sin embargo, un 21 % de hombres declaran ser los iniciadores o los compradores de este alimento. Además, un 50 % de las personas admite que consume fruta en verano, y no tanto en invierno.

© *http://nutriguia.com*

Neues Wort	Erschließt sich über den Kontext (✘)	Verwandtes Wort im Deutschen oder einer Fremdsprache	Verwandtes Wort im Spanischen	Wortart	(ungefähre) Bedeutung
diario/-a					
la pieza					
aumentar					
la piña					
la impulsora					
el iniciador					
el sexo					
el alimento					
el invierno					

5

DELE

c) Lee el artículo otra vez y marca con una x las respuestas correctas. | Kreuze die richtigen Aussagen an. Es können mehrere Lösungen richtig sein.

1. ☐ Los españoles comen más manzanas que naranjas.
   ☐ Los españoles comen más naranjas que plátanos.
   ☐ Los españoles comen tantas naranjas como manzanas y plátanos.
   ☐ Los españoles comen más manzanas que plátanos.

2. ☐ Los españoles comen dos piezas de fruta al día.
   ☐ La gente que tiene más de 55 años come tres piezas al día.
   ☐ La gente que tiene menos de 55 años come más de dos piezas al día.
   ☐ Los gallegos y catalanes comen menos fruta que los valencianos y asturianos.
   ☐ Los gallegos y catalanes comen más fruta que los valencianos y asturianos.

3. ☐ A las mujeres les gusta la piña más que a los hombres.
   ☐ A las mujeres les gusta la piña menos que a los hombres.
   ☐ A las mujeres les gusta el plátano más que a los hombres.
   ☐ A las hombres les gusta el plátano más que a las mujeres.

4. ☐ Los españoles compran fruta una vez a la semana.
   ☐ Los españoles compran fruta una o dos veces a la semana.
   ☐ Los españoles compran fruta dos veces a la semana.

5. ☐ Normalmente las madres compran la fruta.
   ☐ Normalmente los padres compran la fruta.

6. ☐ La gente come más fruta en verano que en invierno.
   ☐ La gente come más fruta en invierno que en verano.

EXPRESIÓN ORAL

PASO 1 **5** **Du bist in Spanien und fragst einen Passanten (= dein/e Mitschüler/in) nach dem Weg. Stelle eine der Fragen. Dein/e Mitschüler/in schaut sich den Stadtplan an und erklärt dir den Weg. Danach tauscht ihr die Rollen.**

Perdona, ¿para ir a la estación de autobuses?

Por favor, ¿para ir a un supermercado?

¿Me puede decir dónde hay un banco por aquí cerca?

¿La Plaza Nueva, por favor?

PASO 2 **6** **Vas a pasar el próximo mes en casa de una familia española. La madre / El padre de la familia te muestra tu habitación. Haced el tándem.**

la madre / el padre	tú
Du zeigst dem/der Gastschüler/in sein/ihr Zimmer und fragst, ob es ihm/ihr gefällt.	Mira, esta es tu habitación. ¿Te gusta?
¡Vaya habitación! / Me gusta mucho. ¡Es más grande que la habitación que tengo en Alemania y es muy bonita!	Du bist vom Zimmer begeistert. Du sagst, dass es größer als dein Zimmer in Deutschland ist und dass es sehr schön ist.
Du sagst, dass das Zimmer sehr hell ist, weil die Fenster ziemlich groß sind.	La habitación es muy clara porque tiene ventanas bastante grandes.
Es verdad. Mi habitación de Alemania tiene ventanas grandes también, pero no es tan clara como esta aquí.	Du sagst, dass das stimmt. In deinem Zimmer in Deutschland sind die Fenster auch groß, aber es ist nicht so hell wie dieses hier.
Du fragst, in welchem Stock er/sie wohnt.	¿En qué planta vives?
Vivo en la segunda planta.	Du wohnst im 2. Stock.
Nun, ihr seid hier im 6. Stock, deswegen ist eure Wohnung heller.	Bueno, nosotros estamos aquí en la sexta planta. Por eso nuestro piso es más claro.
Y es menos ruidoso también. Hay un montón de coches en la calle, pero ahora no los puedo oír.	Und es ist auch weniger laut. Auf der Straße gibt es eine Menge Autos, aber jetzt kannst du sie nicht hören (*oír*).
Du sagst, dass die Fenster ziemlich neu sind und sehr gut. Deswegen ist die Wohnung so ruhig.	Las ventanas son bastante nuevas y muy buenas, por eso el piso es tan tranquilo.
¡Me parece un piso ideal!	Du findest die Wohnung perfekt.
Na dann, herzlich willkommen ________!	Entonces, ¡bienvenido/-a ________!

VAMOS 7 **La próxima semana vas a visitar a tu amiga Patricia en Madrid. Escribe en tu cuaderno un e-mail para explicar adónde quieres ir y qué quieres hacer ahí.**

→ Kreatives Schreiben, S. 195

Para: patrimorena@mibuzon.es
Asunto: ¡¡Pronto nos vemos!!

Hola Patricia

¿Qué tal? ______________________

____

CONCIERTOS
«LA NOCHE DE CADENA 100»
Día 24 de abril. Madrid.
PALACIO VISTALEGRE «TEEN ANGELS»
Día 26 de marzo.
«FONDO FLAMENCO»
Día 24 de abril. Madrid

TEATRO
«TONTA ELLA, TONTO ÉL»
Teatro Infanta Isabel. Madrid.
«POR EL PLACER DE VOLVER A VERLA»
Hasta el 2 de mayo.
Teatro Amaya. Madrid

churros
chocolate
tomar chocolate con churros

Barrio de Malasaña

Plaza Mayor

El Rastro

Museo del Prado

PASO 2 8 **Du machst ein Praktikum in einem Reisebüro und bekommst eine Aufgabe: Eine spanische Familie möchte eine Ferienwohnung in Deutschland mieten. Dein Chef bittet dich, zum Wohnungsplan eine Beschreibung auf Spanisch zu verfassen. Schreibe sie in dein Heft.**

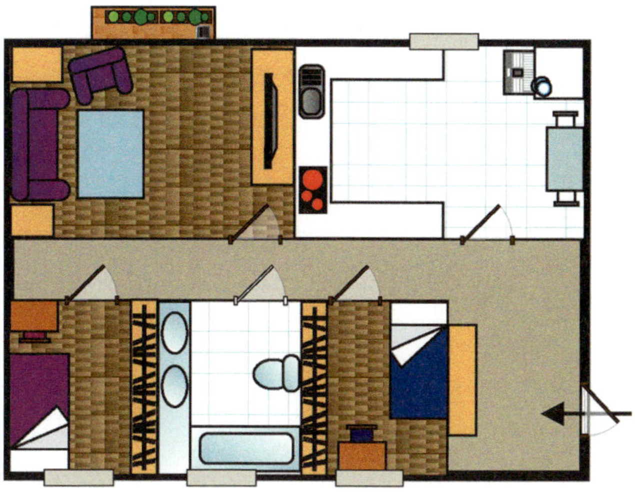

el dormitorio Schlafzimmer

9 ▸ ***VOCABULARIO* | Atracciones de Madrid. Completa las frases con el vocabulario nuevo.**

tiendas recuerdos buscas ojo mochila entradas famosos arte cuadros postales perfecto carteristas artistas bares descansar última alternativo caras Estadio pintores interesa encuentras

1. En la Plaza Mayor puedes comprar ________________ y ________________.
2. Las ________________ para ver al Real Madrid en el ________________ Bernabéu son muy ________________.
3. Si quieres ________________ un poco, puedes ir al Parque del Retiro. Además allí puedes ver a muchos ________________ los fines de semana.
4. Si ________________ la ________________ moda de España, tienes que ir a las ________________ de la calle Arenal.
5. Si no tienes mucho dinero, el Rastro es el lugar ________________ para comprar cosas. ¡Pero ________________ con la ________________ porque hay muchos ________________!
6. En el barrio de Malasaña ________________ muchos ________________ para salir de noche. A la gente le gusta ir allí por su ambiente ________________.
7. Si te ________________ el ________________ español, tienes que ir al Museo del Prado. Allí hay muchos ________________ de ________________ ________________ españoles.

G 35 **10** ▸ **DER REALE BEDINGUNGSSATZ DER GEGENWART | Unos amigos van a Madrid. Haz propuestas uniendo las dos columnas.**

Si vais al Rastro y queréis ver bastante, 1	a *tener que* ir al barrio de Malasaña.
Si os gusta el fútbol, 2	b *poder* ir a la Plaza Mayor.
Si os gustan los museos, 3	c *tener que* ir temprano, porque es muy grande.
Si os gusta salir de noche, 4	d *poder* ir al Bernabéu para ver al Real Madrid.
Si queréis comprar recuerdos de Madrid, 5	e en el Museo del Prado *poder* ver cuadros de pintores famosos.

____
____
____
____
____
____

G/16 **11** ▸ **DAS DIREKTE OBJEKTPRONOMEN | Completa las frases con la forma correcta de los complementos directos *me*, *te*, *lo/s*, *la/s*, *nos*, *os*.**

Madre: ¡Otra vez mis gafas! ¿Dónde están? ¿______ ves tú?

Sara: Sí, ______ veo. Están en tu escritorio. Aquí ______ tienes.

Madre: Gracias, hija. Y oye, Sara, tu abuela ______ necesita. ¿______ puedes llamar ahora, por favor?

Sara: Siempre ______ necesita. ¿Qué es ahora?

Madre: No ______ sé, hija. Está sola y ya es mayor.

Sara: ______ entiendo, pero tiene otros nietos también. Por ejemplo, Luis.

Madre: Bueno, pues sí, claro, ______ necesita a ti y a Luis y a todos.

Sara: Eso es, ______ necesita a todos. Pero Luis tiene más tiempo y vive más cerca. Y la abuela casi no ______ ve.

Madre: ______ comprendo, hija, pero...

Sara: Bueno, bueno, ya ______ llamo.

G/36 **12** ▸ **DAS DIREKTE OBJEKTPRONOMEN** ▸ **ORTSPRÄPOSITIONEN | Practica el uso de los complementos directos *lo/s* y *la/s*. | Dein Freund hilft dir beim Umzug und fragt dich, wo er deine Sachen hinstellen soll. Du antwortest ihm.**

silla, cama, armario, cuadro, libros, cedés, ordenador, escritorio, radio

tu compañero/-a	tú
¿Dónde pongo la cama?	La pones debajo de la ventana.
¿Y dónde pongo el escritorio?	Pues...

G 37 **13** ▸ **GRUPPENVERBEN (*E → I*) | Practica la conjugación de los verbos *repetir*, *seguir* y *decir*.**

1. Pablo ____________ (seguir) la calle hasta la plaza y allí se pregunta: «¿Y ahora ____________ (seguir) por esta calle o por la otra?»
2. ¿Qué ____________ (decir) las hermanas de Pablo sobre su amigo Miguel?
3. Esta semana los alumnos ____________ (repetir) las preposiciones en la clase de francés. **La profesora:** «Para mañana ____________ (repetir) las preposiciones, por favor.»
4. **Miguel:** «A ver, Pablo, primero ____________ (seguir) todo recto y en el semáforo giras a la izquierda.»
5. **Laura:** «¿Te gusta mi chaqueta nueva? ¿Qué ____________ (decir), Ana?»
6. **El padre de Pablo a sus hijas:** «¿Qué ____________ (decir) sobre el nuevo director?»
7. Un amigo de Laura ____________ (repetir) el curso.
8. Ana está en la empresa y habla por teléfono: «Lo comprendo, pero yo ____________ (repetir): usted tiene que llamar esta tarde a la señora Romero.»

G 38 **14** ▸ **DER KOMPARATIV DES ADJEKTIVS | Completa las frases y utiliza *más/menos ... que* y *tan ... como*.**

1. Una entrada al cine es (- caro/-a) ____________ una entrada al Santiago Bernabéu, pero para mí, ver al Real Madrid es (+ interesante) ____________ ver una película.
2. El Museo Reina Sofía en Madrid no es (= famoso/-a) ____________ el Museo del Prado.
3. El Museo Guggenheim en Bilbao es (+ moderno/-a) ____________ el Museo del Prado en Madrid.
4. La vida en Madrid no es (= barato/-a) ____________ la vida en Albacete pero vivir en Albacete es (+ aburrido/-a) ____________ vivir en Madrid.
5. Vivir en una calle pequeña es (- ruidoso/-a) ____________ vivir en una calle grande.
6. Los coches grandes son (+ caro/-a) ____________ los coches pequeños.

G 39 **15** ▸ **DER SUPERLATIV DES ADJEKTIVS | Utiliza las formas del superlativo (*más/menos* + adjetivo) y cuenta.**

1. El profesor ____________ (+ alto) de mi instituto es ____________.
2. Para mí el libro ____________ (- interesante) es ____________.
3. La película ____________ (+ divertida) es ____________.
4. Para mí la persona ____________ (+ famosa) es ____________.
5. Para mí el día ____________ (- aburrido) de la semana es el ____________.
6. En mi opinión el pintor ____________ (- famoso) se llama ____________.
7. Para mí la ____________ (+ buena) comida es ____________.
8. Para mí el ____________ (+ malo) día de la semana es el ____________.
9. En mi opinión el ____________ (+ bueno) actor[1] es ____________.

1 **el actor** Schauspieler

5

AUTOCONTROL

1 **Escribe los antónimos de estas palabras.**

barato/-a	______	trabajar	______
volver	______	encontrar	______
el día	______	detrás de	______
izquierda	______	encima	______

5

G 39

2 **Las más ... de España. Haz frases y utiliza el superlativo.**

1. Madrid y Barcelona – las ciudades – grande

Madrid y Barcelona son las ciudades más grandes de España.

2. universidades de Salamanca y de Santiago de Compostela – las universidades – antiguo/-a

______

3. Picasso, Dalí y Miró – pintores – famoso/-a

______

4. El País y El Mundo – periódicos – importante

______

5. Atocha – estación de metro – bonito/-a

______

3 **Muebles, lugares, objetos y preposiciones de lugar. ¿Dónde está Ana?**

Ana está...

1

______
______
______

2

______
______
______

3

______
______
______

4

______
______
______

5

______
______
______

6
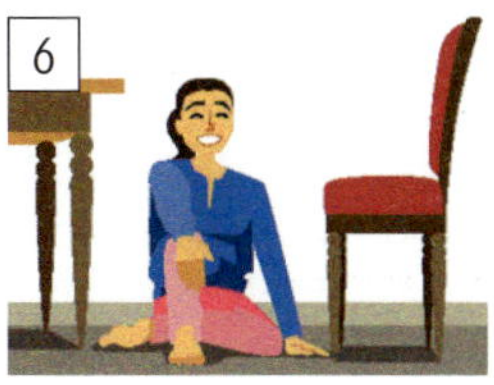
______
______
______

UNIDAD 6 ¡BIENVENIDOS A MÉXICO!

COMPRENSIÓN AUDITIVA

PASO 2 **1** 16 **a) Eva y Rafael hablan de sus vacaciones. Escucha y marca con una E (Eva) o con una R (Rafael) qué hizo quién.**

→ Selektives Hörverstehen, S. 184

☐ 

☐ 

☐ 

☐ 

☐ 

16 **b) Escucha otra vez y apunta en tu cuaderno qué más hicieron Eva y Rafael.**

PASO 3 **2** 17 **Escucha la conversación de Eva en la estación de autobuses y completa el billete[1].**

Servicio de autobuses ELDA, Alicante

Billete y Reserva

ORIGEN
Alicante

DESTINO[2]
____

FECHA DE SALIDA
________________, 23/03/11

HORA DE SALIDA
____

ASIENTO ________

PRECIO ____________€

Conserve su billete.

1 **el billete** Ticket 2 **el destino** Ziel

Mundo Taxi (Ciudad de México)

Jorge Bassaure es taxista desde hace catorce años. Él tiene 33 años y su hija cuatro. Aquí nos cuenta el día a día de su trabajo.

Lunes, 6 de diciembre

Hoy me fue muy bien, ¡pero el tráfico[1] estuvo horrible! Como todos los días, llevé[2] a mi hija a la escuela[3] antes de trabajar. Después fui con mi primer servicio al bosque de Chapultepec. Este es un lugar muy tradicional en esta ciudad porque está el zoológico, hay un lago y por supuesto el Castillo de Maximiliano y Carlota.

A mediodía hice un servicio de tres horas a Xochimilco, al sur de la ciudad (es una zona muy típica y turística). Llevé a una pareja de gringos[4] que recién llegaron de vacaciones, los dos muy contentos de conocer a México. Aunque también me contaron de sus preocupaciones[5] de coger un taxi aquí. Claro, con todos los robos[6] que hubo en los taxis ilegales en los últimos años...

Hice otros viajes cortos a la Condesa y a Coyoacán al sur y al regresar por la tarde una señora me hizo la parada[7] y resultó ser mi madre, ¡qué chiquita es la ciudad!

La cosecha[8] de hoy estuvo bastante buena. Saqué[9] 740 pesos (casi 70 dólares).

Martes, 8 de diciembre

Este martes fue mi día de descanso, porque mi coche no circuló[10]. El gobierno de la ciudad tiene un programa que se llama «Hoy no circula» en el que un día de la semana, de lunes a viernes, de acuerdo con su último número de la placa[11], los vehículos de más antigüedad no pueden circular. Ellos dicen que es para bajar la contaminación. Los martes no circulamos los que tenemos placa con terminación[12] 8.

Miércoles, 9 de diciembre

Hoy estuvo de locos: marchas por aquí, atascos por allá, ¡es la ciudad del caos!

Por la tarde recogí a un señor que cada[13] miércoles visita a su novia en la colonia Roma. Ellos tienen aproximadamente 50 años y están muy felices en su relación. Antes estuvieron casados por dos años, pero como los dos sintieron restringida su libertad e invadida su privacidad se separaron[14]. Sin embargo decidieron continuar con su relación, pero cada uno en su casa, porque siguen enamorados, ¡qué cosas!

Parece que esta semana sí nos va a ir bien, hoy saqué 630 pesotes (casi 60 dólares) a pesar del tráfico, ni hablar.

según © BBC Mundo, 2005

1 **el tráfico** Verkehr 2 **llevar** bringen 3 **la escuela** *hier:* Kindergarten 4 **el/la gringo/-a** *fam.* US-Amerikaner/in
5 **la preocupación** Sorge 6 **el robo** Raub, Überfall 7 **hacer la parada** anhalten 8 **la cosecha** Ernte 9 **sacar** *hier:* verdienen
10 **circular** verkehren 11 **la placa** Nummernschild 12 **la terminación** Ende 13 **cada** jede/r/-n 14 **separarse** sich trennen

PASO 3 **3** **a) Lee el texto y marca con una x si la información es correcta (c), falsa (f) o no está en el texto (?).**

→ Selektives Leseverstehen, S. 184

	c	f	?
1. Jorge empezó a trabajar de taxista a los 22 años.	☐	☐	☐
2. Hay muchísimo tráfico en la Ciudad de México.	☐	☐	☐
3. Jorge siempre recoge a su hija de la escuela.	☐	☐	☐
4. Hay turistas que tienen miedo de ir en taxi en la Ciudad de México.	☐	☐	☐
5. El lunes por la tarde Jorge encontró a su padre en la calle.	☐	☐	☐
6. Los martes los taxis viejos no circulan en la Ciudad de México.	☐	☐	☐
7. En México mucha gente vive en pisos compartidos.	☐	☐	☐
8. Esta semana Jorge gana muy poco dinero.	☐	☐	☐

b) Corrige las frases falsas en tu cuaderno.

EXPRESIÓN ORAL

PASO 1 **4** **Estás haciendo prácticas en una oficina de turismo. Un/a turista mexicano/-a entra y te hace preguntas sobre la región. Haced el tándem. | Verwendet bei eurem Gespräch die Höflichkeitsform *usted*.**

turista mexicano/-a	tú
Du begrüßt den/die Angestellte/n der Touristeninformation und fragst ihn/sie, ob er/sie Spanisch oder Englisch sprichst.	Buenos días. ¿Habla usted español o inglés?
Sí, hablo español. ¿Qué quiere saber?	Du sagst, dass du Spanisch sprichst und fragst die Person, was er/sie wissen möchte.
Du sagst, dass du vor drei Tagen in die Stadt gekommen bist und noch zwei Tage bleiben wirst. Du kennst die Stadt schon ziemlich gut, deswegen willst du jetzt einen Ausflug machen.	Llegué a la ciudad hace tres días y me voy a quedar dos días más. Ya conozco bastante bien la ciudad, por eso ahora quiero hacer una excursión.
Hay muchos lugares bonitos en esta región. ¿Ya conoce usted la cascada?	Du sagst, dass es viele schöne Orte in dieser Region gibt. Du fragst, ob er/sie schon den Wasserfall (*la cascada*) kennt.
Du verneinst. Aber in Mexico gibt es auch viele Wasserfälle (*cascadas*). Du interessierst dich mehr für die deutsche Kultur (*la cultura*).	No, pero en México hay también muchas cascadas. A mí me interesa más la cultura alemana.
(Pues) Mañana hay una fiesta tradicional en Sennfeld, un pueblo cerca de aquí. Allí hay música y mucha comida de la región.	Du sagst, dass in Sennfeld, einem Dorf in der Nähe, morgen ein traditionelles (*tradicional*) Fest stattfindet. Dort gibt es Musik und Essen aus der Region.
Du fragst, wie du dort hinkommen kannst.	¿Cómo puedo ir/llegar allí?
Puede coger el autobús 184. Este sale a las diez y cuarto, a las doce menos veinte y a la una y media de la estación de autobuses.	Du sagst, dass er/sie den Bus 184 nehmen kann. Dieser fährt um 10:15, um 11:40 und um 13:30 vom Busbahnhof ab.
Gut. Du sagst, dass du morgen dorthin fahren wirst.	Bien. Voy a ir allí mañana.
¿Usted ya tiene planes para esta noche?	Du fragst, ob er/sie heute Abend schon Pläne hat.
Du hast noch keine Pläne.	No, todavía no (tengo planes).
Hay un concierto en el parque aquí al lado. ¿Le gusta la música rock?	Du sagst, dass es im Park hier nebenan ein Konzert geben wird. Du fragst, ob er/sie Rockmusik mag.
Manchmal schon. Du fragst, um wie viel Uhr das Konzert beginnt.	A veces sí. ¿A qué hora / Cuándo empieza (el concierto)?
A las ocho y media.	Um 8:30 Uhr.
Du bedankst dich. Du sagst deinem Gegenüber, dass er/sie sehr gut Spanisch spricht und verabschiedest dich.	Muchas gracias. Usted habla español muy bien. Adiós.

EXPRESIÓN ESCRITA

PASO 2 **5** **Pasaste las vacaciones de verano en México. Ahora escribes un blog sobre tu viaje. Puedes utilizar la información de las casillas.**

→ Kreatives Schreiben, S. 195

Ciudad de México

las pirámides de Teotihuacan

hacer excursiones

museo de Frida Kahlo / Casa Azul

el ______ de julio
un día
por la mañana/tarde/noche
primero
después (de)
al final
una vez / muchas veces
sin embargo

río Los Pescados / rafting

discoteca / fiesta de espuma

tacos (de pescado)

agua fresca de limón

6

www.deinblog.de/54456

G 43 **6** ▸ ***DESDE, DESDE HACE, HACE, EN*** **| Pon las preposiciones correctas y cuenta la historia de México.**

1. ________________ 30.000 años llegaron los primeros hombres al territorio mexicano.
2. ________________ el año 1325 los aztecas fundaron la capital de su imperio.
3. ________________ 1521 Hernán Cortés conquistó el imperio azteca.
4. México se independizó ________________ más de ciento ochenta años.
5. La Revolución Mexicana empezó ________________ 1910.
6. ________________ el 1 de enero de 1994 México está en la NAFTA, el Tratado de Libre Comercio de América del Norte.
7. ________________ más de diez años México está en la NAFTA.

G 44 **7** ▸ ***VOCABULARIO*** ▸ ***PRETÉRITO INDEFINIDO*** **| Pon las vocales que faltan. Vas a encontrar doce verbos en indefinido. Escribe el pronombre personal y el verbo.**

1. d__m__n__r__n (ellos) dominaron
2. f__nd__st__ ________________
3. n__c__ ________________
4. l__ch__st__ ________________
5. p__rd__m__s ________________
6. c__m__st__ ________________
7. __scr__b__st____s ________________
8. t__m__m__s ________________
9. __pr__nd____ ________________
10. f__rm__st____s ________________
11. p__rd____r__n ________________
12. g__b__rn__r__n ________________

G 44 **8** ▸ ***PRETÉRITO INDEFINIDO*** **| Completa los textos sobre la conquista de América con los verbos en la persona correcta del indefinido.**

conquistar empezar estudiar llegar (2 x) llamar nacer salir trabajar viajar

1. El 3 de agosto de 1492 ________________ tres barcos del sur de España. Dos meses más tarde, el 12 de octubre de 1492, Cristóbal Colón ________________ a una isla del Caribe que él ________________ San Salvador. En ese momento ________________ la conquista de América.
2. Hernán Cortés ________________ en Medellín, en la provincia de Badajoz. ________________ en la Universidad de Salamanca. En 1504 ________________ a América. En 1511 ________________ a Cuba y ________________ allí muchos años. En 1521 Cortés ________________ el imperio azteca en México.

G 45 **9** ▶ ***PRETÉRITO INDEFINIDO* (UNREGELMÄSSIGE VERBEN)** ○ | **Completa la tabla.**

infinitivo	ser/ir	tener	poder	estar	hacer	dar
(yo)	fui					
(tú)		tuviste				
(él/ella)			pudo			
(nosotros/-as)				estuvimos		
(vosotros/-as)					hicisteis	
(ellos/ellas)						dieron

G 44 G 45 **10** ▶ ***PRETÉRITO INDEFINIDO* (REGELMÄSSIGE UND UNREGELMÄSSIGE VERBEN)** | **¿Qué hicieron? Escribe las frases con el verbo en la persona correcta del indefinido.**

1. ¿Dónde / estar / Susana y tú / el domingo pasado?

___

2. El domingo pasado / Susana y yo / estar / en el Museo de Frida Kahlo.

___

3. En el 2000 Inés y Eugenio / vivir / en Ciudad de México.

___

4. El fin de semana pasado / Clara y Mercedes / ir / al Parque Ecológico.

___

5. El mes pasado / (yo) viajar / por todo México.

___

6. Y tú, /¿ir / a la discoteca / ayer?

___

7. El lunes pasado / yo / visitar / a mis abuelos.

___

8. Ayer por la noche / mi abuelo / hablar / del terremoto.

___

9. El domingo pasado / mi primo / recibirnos / en el aeropuerto.

___

G 44 G 45 **11** ▶ ***PRETÉRITO INDEFINIDO* (REGELMÄSSIGE UND UNREGELMÄSSIGE VERBEN)** ● | **Tu amigo te pregunta cómo pasaste el último domingo. Escribe las preguntas en indefinido. Luego responde.**

1. ¿A qué hora ________________ (levantarse) por la mañana?

___

2. ¿Qué ________________ (hacer) durante la mañana?

___ ▶

6

3. ¿Al mediodía ______________ (comer) solo/-a?

____

4. ¿Cuándo ______________ (ir) tu amigo/-a para mirar fotos contigo?

____

5. ¿______________ (ver) algo en la tele?

____

6. ¿A qué hora ______________ (irse) a la cama?

____

G 44 G 45 **12** ▸ ***PRETÉRITO INDEFINIDO* (REGELMÄSSIGE UND UNREGELMÄSSIGE VERBEN) ● | a) Andrea estuvo de vacaciones. Tú hablas con ella. Haz las preguntas adecuadas.**

1. ______________________________
   Estuve en México.
2. ______________________________
   Pasé tres semanas allí.
3. ______________________________
   Sí, muchísimo. Es un país muy bonito.
4. ______________________________
   Visité la capital, Teotihuacan y el Parque Ecológico de Xochimilco.
5. ______________________________
   Comí tacos y pollo con mole.

b) Inventa dos preguntas y respuestas más.

1. ______________________________
   ____
2. ______________________________
   ____

G 46 **13** ▸ **KONJUNKTIONEN | Completa las frases con *aunque*, *como*, *donde*, *pero* (2 x), *porque*, *sin embargo*, *cuando*.**

El año 1985 fue muy importante para mí ______________ conocí a mi mujer. En este año visité a un amigo en Dortmund. ______________ llegué, me llevó en seguida a una fiesta de amigos ______________ conocí a una chica alemana. Me enamoré de ella, ______________ volví a España dos semanas después, ______________ volví tres meses más tarde aquí. Bueno, nos casamos, ahora tenemos dos hijos y me gusta vivir aquí ______________ a veces echo de menos a mi familia en España. ______________ los dos tenemos un buen trabajo aquí en Dortmund, sólo pasamos el verano en España. ______________ así está bien.

6

AUTOCONTROL

G 44 G 45 **1 Practica la conjugación de los verbos en el pretérito indefinido.**

1. Desde 1990 hasta 1992 (yo) ______________ (vivir) en España.
2. El domingo pasado (yo) ______________ (visitar) a mi abuela.
3. Ayer Manuel ______________ (estar) en un restaurante griego.
4. ¿El sábado (tú) ______________ (hacer) algo especial?
5. El mes pasado Jorge ______________ (encontrar) un nuevo trabajo.
6. Ayer los chicos ______________ (dormir) mucho.
7. El año pasado mis padres ______________ (viajar) por Sudamérica.
8. El domingo pasado nosotros ______________ (ir) al cine y ______________ (ver) una película muy interesante.

6

G 46 **2 Completa las frases con las conjunciones *aunque*, *como*, *donde*, *porque*, *sin embargo* y *cuando*.**

1. El año 1985 fue muy trágico ______________ hubo un terremoto con muchos muertos.
2. ______________ llegamos al aeropuerto nos recibieron mis abuelos y mis tíos.
3. En la discoteca Juan lo pasó muy bien ______________ no le gusta mucho bailar.
4. ______________ el ambiente de Cancún es muy turístico, vale la pena ir ______________ es muy bonito.
5. Lo pasamos muy bien allí, ______________ tuvimos miedo en muchas situaciones.
6. Hoy no vamos a hacer rafting ______________ no tenemos tiempo.
7. Hoy tengo que estudiar, ______________ voy a ir a la excursión.
8. ______________ se enamoró de Diego, se casó con él.
9. Carmen y Jaime hacen los deberes ______________ tienen un examen mañana.
10. A los padres de Carmen les gusta vivir en Galicia, ______________ llueve mucho.

G 43 **3 Adrián quiere ir a una fiesta con Manuel, un amigo mexicano. Lo llama por teléfono. Completa el diálogo con *desde*, *desde hace* y *hace*.**

Adrián: Oye, ¿por qué no vienes? Nuestros amigos ya están en la fiesta ______________ una hora.

Manuel: Lo siento, fui a recoger a mi prima Juana, que vive ______________ cuatro años en Valencia y ahora está aquí en Madrid.

Adrián: ¡Ah! Tu prima vive en España también...

Manuel: Sí, vino ______________ cinco años para trabajar en Alicante. Y ______________ 2009 vive con su novio en Valencia. Juana va a la fiesta con nosotros.

Adrián: Vale. Hasta pronto.

UNIDAD 7 ¿A QUÉ TE QUIERES DEDICAR?

COMPRENSIÓN AUDITIVA

VAMOS **1** 18 **Escucha las entrevistas de orientación profesional y completa la tabla. ¿Qué profesiones les interesan a los chicos? ¿Y por qué? ¿Y por qué no?**

→ Selektives Hörverstehen S. 184

	¿Qué profesión?	¿Por qué?	¿Por qué no?
Sergio			
Araceli			
Marco			

VAMOS **2** 19 ● | **Escucha a las personas y elige la profesión que les corresponde. Escribe los números en las casillas.**

→ Globales Hörverstehen S. 183

☐ ingeniero/-a ☐ actor/actriz ☐ profesor/a ☐ veterinario/-a ☐ taxista[1] ☐ músico/-a ☐ azafato/-a ☐ mécanico/-a ☐ informático/-a ☐ piloto ☐ arquitecto/-a ☐ camarero/-a[2] ☐ médico/-a ☐ futbolista ☐ peluquero/-a ☐ fotógrafo/-a

1 **el/la taxista** Taxifahrer/in 2 **el/la camarero/-a** Kellner/in

PASO 2 **3** 20 **¿Dónde está la gente? Escucha y deduce los lugares.**

1. ______________ 3. ______________ 5. ______________

2. ______________ 4. ______________ 6. ______________

COMPRENSIÓN LECTORA

PASO 1 **4** ● | **a) Lee el título del artículo y piensa en razones por las que algunos jóvenes quieren dejar los estudios. | Lies den Titel des Artikels und überlege dir Gründe, warum manche Schüler die Schulausbildung abbrechen.**

Versuche den Artikel „*Razones para no dejar los estudios*“ nur mit Hilfe der Aufgaben zu verstehen, ohne ein Wörterbuch zu benutzen.

b) Ahora lee el primer párrafo del artículo. Busca las tres razones para dejar el instituto que se mencionan ahí y márcalas. | Lies jetzt den ersten Absatz des Artikels und markiere die drei Gründe für einen Schulabbruch, die dort genannt werden.

c) Lee todo el artículo de forma rápida y escribe el número del título adecuado al lado de cada párrafo. | Überfliege den ganzen Artikel und ordne jedem Absatz einen passenden Untertitel zu.

→ Globales Leseverstehen S. 184

1 Weniger Bildung – geringeres Einkommen in der Zukunft.

2 Wie viele Schüler brechen die Schule ab?

3 Gründe für den Schulabbruch

4 Welche Schüler brechen die Schule ab?

Razones[1] para no dejar[2] los estudios

PATRICIA LOZANO

MADRID. – Si te ronda por la cabeza[3] la idea de dejar de estudiar, párate a pensarlo una vez más. Las excusas para no seguir estudiando son tentadoras: «Porque necesito dinero»; «No se me da bien estudiar» o «Me aburro en el colegio» son frases formuladas con frecuencia por los estudiantes españoles, pero dejar las clases tiene muchos más inconvenientes que ventajas.

Según el informe anual de progreso 2008, el porcentaje de jóvenes que abandonan sus estudios ronda el 31 %, una cifra que tildan de alarmante. Este número es superior en el caso de las comunidades autónomas[4] situadas al sur[5], en la costa mediterránea o las Islas Baleares y Canarias, y mucho más elevado en los chicos que en las chicas.

Se trata de estudiantes de entre 15 y 18 años «con una ausencia de motivación por parte de los padres o que desean[6] ganar algo de dinero para satisfacer sus deseos inmediatos, como una moto o salir de fiesta», afirma Javier Elzo [...] sociólogo especialista en comportamientos juveniles [...].

La solución inmediata parece reconfortar, pero no es oro[7] todo lo que reluce: hay un gran número de estudios que demuestran que cuanto antes[8] se deje la escuela, menores[9] serán[10] las posibilidades de prosperar. «Si se empieza como peón[11], sin la suficiente formación, el joven tiene muchos boletos[12] para seguir siéndolo el resto de su vida. Si 600 euros le parece mucho ahora, que vea si podrá vivir con ese dinero cuando sea adulto», asegura Elzo.

[...]

1 **la razón** Grund 2 **dejar** aufhören, abbrechen 3 **la cabeza** Kopf 4 **la comunidad autónoma** autonome Region (ähnlich dem deutschen Bundesland) 5 **el sur** Süden 6 **desear** wünschen, wollen 7 **el oro** Gold 8 **cuanto antes** je eher 9 **menor** geringer, kleiner 10 **serán** sein werden 11 **el peón** Hilfsarbeiter 12 **el boleto** *hier etwa:* Lottoschein

d) ¿Qué significan las siguientes expresiones y frases más o menos en alemán? | Versuche, dir über den Textzusammenhang die ungefähre Bedeutung der folgenden Ausdrücke im Deutschen zu erschließen.

→ Selektives Leseverstehen S. 184

1. Si te ronda por la cabeza la idea de [...] (l. 3)

___

2. [...] párate a pensarlo una vez más. (l. 4)

___

3. [...] tiene muchos más inconvenientes que ventajas. (l. 10)

___

4. [...] el porcentaje de jóvenes que abandonan sus estudios ronda el 31 % [...] (l. 13)

___

5. [...] una cifra que tildan de alarmante. (l. 14)

___

6. [...] desean ganar algo de dinero para satisfacer sus deseos inmediatos [...] (l. 23)

___

7. [...] pero no es oro todo lo que reluce. (l. 29)

___

8. [...] cuanto antes se deje la escuela, menores serán las posibilidades de prosperar. (l. 31)

___

9. Si se empieza como peón, el joven tiene muchos boletos para seguir siéndolo el resto de su vida. (l. 33)

___

e) Marca las frases correctas. A veces más de una frase puede ser correcta.

→ Detailgenaues Leseverstehen, S. 185

1. La mayoría de los jóvenes que dejan los estudios...

- ☐ es de las ciudades.
- ☐ son chicos.
- ☐ son chicas.
- ☐ vive en las costas y en las islas.
- ☐ son de las comunidades autónomas del norte de España.
- ☐ son de las comunidades autónomas del sur de España.

2. Los estudiantes que dejan los estudios...

- ☐ no tienen padres.
- ☐ ya no viven con sus padres.
- ☐ tienen padres que no se interesan por los estudios de sus hijos.
- ☐ tienen entre 15 y 18 años.
- ☐ quieren ganar dinero para comprarse alguna cosa.
- ☐ quieren ganar dinero para hacer algo divertido.
- ☐ sólo piensan en las cosas que quieren hacer ahora.

3. ¿Quién es Javier Elzo?

- ☐ Es un alumno que dejó los estudios.
- ☐ Es un alumno que piensa en dejar los estudios.
- ☐ Es un profesor especialista que trabaja con alumnos.
- ☐ Es un sociólogo especializado en gente joven.

EXPRESIÓN ORAL

PASO 1 **5** **Haz una entrevista a tu compañero/-a sobre el instituto y sobre sus planes para el futuro. Apunta sus respuestas.**

Pregunta a tu compañero/-a en español.	**Corrige a tu compañero/-a y contesta sus preguntas.**
1. Um wie viel Uhr fängt für dich montags die Schule an? Und freitags?	1. ¿A qué hora empieza el instituto para ti los lunes? / ¿A qué hora empiezan las clases para ti los lunes? ¿Y los viernes?
2. Und wann kommst du mittwochs aus der Schule?	2. ¿Y cuándo vuelves del insti(tuto) los miércoles?
3. Gehst du gerne in die Schule?	3. ¿Te gusta ir al insti(tuto)?
4. Hast du auch Erdkunde und Geschichte?	4. ¿Tienes clases de geografía e historia también?
5. Hast du auch Physik und Chemie?	5. ¿Tienes clases de física y química también?
6. Welche Fächer sind deine Lieblingsfächer?	6. ¿Qué asignaturas son tus asignaturas favoritas?
7. In welchen Fächern bekommst du gute Noten?	7. ¿En qué asignaturas sacas buenas notas?
8. In welchem Fach hattest du in deinem letzten Zeugnis die beste Note?	8. ¿En qué asignatura tuviste la mejor nota en el último boletín?
9. Und in welchem Fach hattest du in deinem letzten Zeugnis die schlechteste Note?	9. ¿Y en qué asignatura tuviste la peor nota en el último boletín?
10. Gibt es ein Fach, in dem du eine Nachprüfung machen musst?	10. ¿Tienes alguna asignatura pendiente?
11. Wie viele Sprachen lernst du dieses Jahr? Und welche sind das?	11. ¿Cuántos idiomas aprendes este año? ¿Y cuáles son?
12. Kannst du eine dieser Sprachen gut sprechen?	12. ¿Sabes hablar alguno de estos idiomas bien?
13. Welche Sprache gefällt dir am besten?	13. ¿Cuál de los idiomas te gusta más? / ¿Cuál de los idiomas es el que más te gusta?
14. Musst du viel für die Schule lernen?	14. ¿Tienes que estudiar mucho para el instituto?
15. Was machst du in den Pausen?	15. ¿Qué haces en los recreos?
16. Welche Fächer hast du nachmittags?	16. ¿Qué asignaturas tienes por la tarde?
17. Was für Sport macht ihr im Sportunterricht?	17. ¿Qué deportes hacéis en la clase de educación física?
18. Machst du auch Sport in deiner Freizeit? Welchen Sport machst du?	18. ¿Haces deporte en tu tiempo libre también? ¿Qué deporte haces?
19. Was willst du gerne nach der Schule machen?	19. ¿Qué quieres / te gustaría hacer después del instituto?
20. Hast du irgendeinen Traum für deine Zukunft?	20. ¿Tienes algún sueño para tu futuro?

EXPRESIÓN ESCRITA

PASO 2 **6** **a) Manuel quiere hacer una formación profesional en Alemania. Lee su carta y busca las palabras españolas para las siguientes cuatro palabras en alemán.**

→ Wörter erschließen, S. 180

Berufschancen Sozialarbeiter
Grundschullehrer Stellen

Hola chicos:
Me llamo Manuel y vivo en un pueblo cerca de Zamora. Este año termino la ESO, pero aquí no hay muchas posibilidades laborales, por eso quiero ir a casa de mis abuelos a Alemania y hacer una formación profesional allí. Me gustaría ser maestro de párvulos o trabajador social, pero necesito algunas informaciones.
¿Cuánto tiempo dura la formación profesional en Alemania?
¿Uno va primero al instituto y después se hacen las prácticas, o cómo se hace? ¿Es fácil encontrar puestos para hacer prácticas?
¿Las prácticas se pagan?
Otra cosa: mis padres no tienen mucho dinero. ¿Cómo se puede ganar dinero en Alemania? Y después de la formación, ¿es fácil conseguir trabajo?
Muchas gracias por todo.
Saludos,
Manuel

b) ● | Lee la carta de Manuel y contéstala en tu cuaderno.

→ Einen Brief schreiben, S. 193

Im Lektionstext auf S. 98 im Buch kannst du hilfreiche Informationen finden.

PASO 3 **7** **● | Lee otra vez el folleto turístico de la página 102 del libro de curso. Después escribe en tu cuaderno un folleto sobre Alemania para turistas españoles.**

→ Das zweisprachige Wörterbuch benutzen, S. 197

¡Ven a Alemania!

Mar del Norte

Puerta de Brandeburgo (Berlín)

Neuschwanstein (Baviera)

G 47

8 ▶ DIE RELATIVPRONOMEN *QUE* UND *LO QUE* | Completa el texto sobre Amaya con *que* o *lo que*.

Amaya es estudiante de alemán e inglés en Bilbao, una ciudad ______________ está en el País Vasco. Le gustan los idiomas pero ______________ no le gusta es estudiar para los exámenes. Sobre todo le molesta estudiar los verbos alemanes, ______________ son muy difíciles. El año pasado estuvo en Liverpool para aprender mejor el inglés, ______________ es su idioma favorito. Vivió en un piso compartido y eso le gustó mucho, pero ______________ no le gustó nada fue la comida inglesa. Le gustaría ser profesora porque le gusta trabajar con gente joven pero ______________ no le gustaría es dar malas notas a sus alumnos. Por eso todavía no está segura. Pero todas las profesiones tienen algo ______________ no nos gusta tanto, ¿verdad? Y ______________ Amaya tiene muy claro[1] es que en el futuro quiere tener una familia y ______________ necesita para eso es sobre todo un trabajo seguro.

1 **tener algo muy claro** etwas sehr gut/genau wissen

G 48

9 ▶ DIE STELLUNG DER PRONOMEN ◯ | a) Escribe las frases de otra forma.

1. ¿Os queréis quedar a comer?

____

2. Me tengo que acostar ahora.

____

3. ¿Quiénes se están quejando?

____

4. ¿Tus gafas? ¿Las estás buscando otra vez? ______________________________

An Infinitive und an *gerundio*-Formen können Pronomen angehängt werden. Wird das Pronomen an das *gerundio* angehängt, so bekommt die drittletzte Silbe immer einen Akzent (vgl. Akzentregeln S. 177).
¿Te puedo ayudar? = ¿Puedo ayudarte?
Me estoy duchando. = Estoy duchándome.

b) Marina habla con Javi. Escribe las reacciones de Javi en la página siguiente. | Versuche Wiederholungen zu vermeiden, indem du die unterstrichenen Satzteile durch Pronomen ersetzt. Gib immer beide möglichen Positionen für das Pronomen an.

Marina	Javi
La próxima semana es el examen de inglés. David y yo ya estamos bastante nerviosos...	1. Si queréis, puedo ayudar (a vosotros). Podemos estudiar juntos.
¡Sí, qué bien! Oye, creo que Sergio tiene también problemas con el inglés.	2. Pues puede estudiar con nosotros si quiere. Voy a preguntar a Sergio.
Otra cosa: el sábado es la fiesta de Fernando. Tú también vas, ¿verdad?	3. Claro que sí. Y voy a regalar un libro de cocina a Fernando.
¡Qué buena idea! ¿Es de cocina española?	4. Sí. Mañana voy a comprar el libro.
El único problema es que el sábado mi prima viene a visitarme. ¿Crees que ella puede ir también?	5. Claro que puedes invitar a tu prima. Yo voy con mi novia.

▶

7

1. Si queréis, puedo ayudaros. / Si queréis, os puedo ayudar.

G 48

● | c) María, la madre de Javi, está hablando con su hijo. Reacciona en lugar de Javi y utiliza *estar* + gerundio. Practica la posición de los pronombres. | Gib immer beide möglichen Positionen für das Pronomen an.

María	Javi
1. ¿Estás haciendo los deberes?	Sí, ya (hacer). Sí, ya estoy haciéndolos. Ya los estoy haciendo.
2. ¿Todavía estás en la cama?	Ya (levantarse).
3. ¿Estás en el baño?	Sí, (ducharse).
4. Ya no hay leche.	Papá (comprar).
5. ¿Dónde están las fotos de nuestras vacaciones?	No lo sé. (buscar también).
6. ¿Otra vez estás escribiendo e-mails?	No, sólo (leer).
7. ¿Por qué no invitas a tus amigas a comer?	Ya (llamar).
8. ¿Todavía estás delante de la tele?	No, ya (acostarse).

G 49 G 50 **10** ▸ **DIE DOPPELTE VERNEINUNG** ▸ **INDEFINITE BEGLEITER UND PRONOMEN | Contesta las preguntas. Utiliza *ningún*, *ninguno/-a* y *nada*.**

1. ¿Tienes alguna pregunta todavía? ____________
2. ¿Hay alumnos en la cafetería? ____________
3. ¿Vienes algún día a mi casa? ____________
4. ¿Tienes algunos libros nuevos? ____________
5. ¿Hay algo para beber? ____________
6. ¿Tienes algún problema? ____________

G 51 **11** ▸ ***SABER/PODER*** **| Completa las frases con la formas correctas de *saber* o *poder*.**

1. Fernando quiere ser cocinero y ya ____________ cocinar bastante bien. El sábado ____________ hacer una fiesta en su casa y cocinar porque los padres no están.
2. Yo no ____________ ir a la fiesta porque tengo que estudiar inglés. El lunes hay un examen y no ____________ nada de inglés.
3. Pedro ____________ jugar al fútbol muy bien. Quiere ser futbolista en el futuro. Ahora no ____________ jugar porque tiene dos asignaturas pendientes y no tiene tiempo.
4. Todavía hay mucha gente en el mundo que no ____________ leer ni escribir.
5. Laura ya ____________ hacer muchas cosas en la empresa Arroba: ____________ escribir cartas comerciales, hacer facturas, contestar llamadas teléfonicas... Pero hoy no ____________ trabajar porque está enferma[1].

1 **enfermo/-a** krank

7

G 53 **12** ▸ **DER BEJAHTE IMPERATIV (REGELMÄSSIGE VERBEN) | Completa las frases con el imperativo de los verbos *abrir*, *contestar*, *escribir*, *esperar*, *estudiar*, *hablar*, *leer*, *mirar*, *perdonar* y *trabajar*.**

1. – Siempre saco malas notas en lengua y literatura.
   – ¡Pues ____________ más!
2. – No encuentro mi libro de inglés.
   – ____________, ahí está.
3. Antonio, ____________ la ventana, por favor.
4. Ahora estáis en la clase de español. ¡____________ español!
5. ____________ vuestros libros en la página 82 y ____________ el texto sobre la Revolución Mexicana.
6. Sara, ____________ la pregunta, por favor.
7. ____________ en grupos de tres y ____________ un texto corto sobre Frida Kahlo.
8. ____________ cinco minutos, por favor, el profesor llega enseguida.
9. Buenos días, chicos. ____________ el retraso. Ya podemos empezar la clase.

G 53

13 ▶ DER BEJAHTE IMPERATIV (REGELMÄSSIGE UND UNREGELMÄSSIGE VERBEN) | Completa los mini diálogos con los verbos en imperativo.

hacer · poner · irse · leer · jugar · discutir · visitar · volver · ser · salir · venir · contar

1.	______ temprano, Pablo.	¡Pero hoy es el cumpleaños de Ana!
2.	______ menos, chicos!	Pero, ¿por qué? Discutir es importante.
3.	______ con tus primos esta noche.	Hoy no. Salgo con ellos mañana, ¿vale?
4.	______ los libros en la estantería.	Pero, mamá, ¿por qué no los pones tú?
5.	Miguel, ______ a la pizarra[1].	¿Pero por qué siempre yo?
6.	Pero ______ qué pasa.	No hay nada que contar, no pasa nada.
7.	______ a vuestros abuelos.	¿Por qué no nos visitan ellos a nosotros?
8.	______ con tu hermano.	¿Por qué tengo que jugar con él?
9.	______ el periódico.	¿Para qué tengo que leer el periódico?
10.	______ ya, no quiero verte más.	Pero ¿qué te pasa?
11.	______ bueno en casa de tu tía, ¿vale?	Sí, mamá, sí.
12.	Y tú, ______ los deberes ya.	Empiezo después de comer, ¿vale?

1 **la pizarra** Tafel

G 54

14 ▶ UNPERSÖNLICHE KONSTRUKTIONEN MIT *SE* | Completa con *se* y los verbos *buscar*, *vender*, *necesitar*, *pagar*, *hablar*. | Manchmal gibt es mehrere Lösungen.

1
Aquí ______
libros antiguos.

2
En este restaurante
______
catalán, inglés, francés y alemán.

3
______
radios viejas para una exposición.

4

______
ESTA CASA.

5
______
hombres para el curso de flamenco.

6
No ______
las horas extra.

G 55 **15** ▶ ***POR Y PARA*** **| Un cliente va a la agencia de viajes «Sol y Luz». Completa el diálogo con *por* y *para*.**

Cliente: Buscamos un viaje a Cádiz ________ un grupo de chicos del instituto.

Susana: Claro. ¿________ cuántos días?

Cliente: ________ una semana.

Susana: Esta semana tenemos una oferta: siete días ________ sólo 240 €.

Cliente: Vale, necesitamos tres habitaciones ________ siete personas.

Susana: Muy bien. ¿Y ________ cuándo?

Cliente: ________ julio.

Susana: A ver. Lo siento[1], sólo queda una. ¿No quieres una habitación grande ________ todos? Tenemos habitaciones ________ ocho personas ________ 160 € ________ noche.

Cliente: Espera un momento, ________ por favor, voy a llamar a mis amigos.

El cliente llama a sus amigos. De repente suena el teléfono de Susana y ella contesta.

Susana: Sol y Luz, diga. ... Sí, un momento, por favor. Ahora se pone. ¡Nicolás!, es ________ ti. Es la señora Arroyo. Pregunta ________ un viaje a Australia.

Cliente: Bueno, pues ________ suerte mis amigos están todos de acuerdo.

Susana: Perfecto. ¿Queréis viajar ________ Granada o ________ Sevilla?

1 **lo siento** tut mir leid

7

G 56 **16** ▶ **DER BEGLEITER *TODO/-A*** ● **| Escribe las frases en español.**

> Der Begleiter *todo* steht entweder mit einem bestimmten Artikel oder einem Possessivpronomen: z. B. *todo el día / todas mis amigas*.

1. Ihr sprecht die ganze Zeit.

____

2. Alle deine Freundinnen sind sehr sympatisch.

____

3. Gestern haben wir die ganze Nacht in der Disco getanzt.

____

4. Ich werde alle meine Freunde einladen.

____

5. Alle seine Arbeitskollegen trinken morgens Kaffee.

____

G 57 **17** ▶ **VERKÜRZTE ADJEKTIVFORMEN | Completa con los adjetivos *bueno/-a, malo/-a* y *grande* y compara las dos agencias de viajes.**

Agencia Ven y Viaja	**Agencia Sol y Luz**
Es una agencia ________.	Es una agencia pequeña.
El jefe está de ________ humor.	La jefa está de ________ humor.
Casi nunca hay ________ ofertas.	A veces hay una ________ oferta.
El ambiente no es muy ________.	Hay un ________ ambiente.

7

AUTOCONTROL

G 50

1 Haz frases negativas utilizando los pronombres indefinidos.

frases positivas	frases negativas
1. Tiene alguna idea.	No tiene...
2. Todos los alumnos saben hablar bien el español.	______
3. Sara tiene algunos amigos.	______
4. Conozco a toda la gente de la fiesta.	______
5. Marco sabe todas las palabras de la unidad siete.	______

G 51

2 Completa los mini diálogos con la forma correcta de *saber* o *poder*.

1. – Oye, Javier, tú ______ mucho de ordenadores. ¿______ ayudarme?
   – Pues lo siento, no ______, es que tengo que hacer un trabajo y no tengo tiempo.
2. – ¿Bailamos?
   – Aquí, no ______ bailar, no hay espacio[1].
   – Entonces bailamos en la terraza, ¿o es que vosotros no ______ bailar?

1 **el espacio** Platz

G 53

3 Dilo con el imperativo. Luego sustituye las palabras subrayadas por un pronombre.

1. ¿Puedes contar todo? ¡Cuenta todo! → ¡Cuéntalo!
2. ¿Nos escribís una postal? ______
3. ¿Por qué no llamas a Luis? ______
4. No tengo dinero. ¿Pagáis vosotros los cafés, por favor? ______
5. Miguel, tienes que mandar la carta ya, por favor. ______

G 54

4 Completa las frases con *se* y los verbos en la forma correcta. Después busca la información en Internet.

beber	hablar	pagar	estudiar	bailar

1. ¿Cuántos idiomas ______ en España? → ______
2. ¿Cuántos años ______ en el colegio? → ______
3. ¿Dónde ______ con pesos? → ______
4. ¿Dónde ______ la salsa y el merengue? → ______
5. ¿Dónde ______ mate? → ______

UNIDAD 8 LA ESPAÑA VERDE

COMPRENSIÓN AUDITIVA

PASO 1 **1** 21 **a) Alexander, un joven de Colonia, cuenta de su viaje a Santiago de Compostela. Escucha y marca la respuesta correcta.**

→ Globales Hörverstehen, S. 183

1. Alexander viajó a Santiago de Compostela
   ☐ con su mejor amigo. ☐ con su familia. ☐ solo.
2. Para Alexander el viaje fue ☐ una experiencia[1] negativa. ☐ una experiencia positiva.

1 **la experiencia** Erfahrung

21 **b) Escucha otra vez, después decide si las frases son correctas (c) o falsas (f). Corrige las frases falsas en tu cuaderno.**

→ Detailgenaues Hörverstehen, S. 184

	c	f
1. Alexander no tenía dinero para ir en avión a España.	☐	☐
2. Alexander hizo el Camino de Santiago a pie.	☐	☐
3. Pasó unos días en casa de sus tíos en Bilbao.	☐	☐
4. Cogió un tren para volver a Alemania.	☐	☐
5. A veces Alexander estaba bastante triste.	☐	☐
6. Alexander sabe muy bien español porque su madre es española.	☐	☐
7. En el viaje, Alexander pensó mucho sobre su vida.	☐	☐

PASO 2 **2** 22 **Escucha y marca las ilustraciones correctas. ¿Qué tiempo va a hacer hoy (h)? ¿Y mañana (m)?**

PASO 3 **3** 23 **Escucha la entrevista de radio y pon las ilustraciones en el orden cronológico correcto.**

PASO 3 **4** ○ | **a) Lee el texto y encuentra títulos para las fotos.**

La España verde – El País Vasco

El País Vasco se llama también Euskadi. Es una comunidad autónoma en el norte de España. Cuenta con paisajes muy impresionantes: montañas[1] y valles estrechos, una naturaleza de bellísimos verdes y ríos con frecuentes cascadas son típicos de esta región. Como en toda la costa cantábrica, llueve mucho.

La capital del País Vasco es Vitoria, otras ciudades importantes son Bilbao y San Sebastián. En Bilbao se encuentra una de las zonas industriales más grandes de España. Por lo tanto, tiene una gran importancia económica. Además es el centro cultural de la región: allí está el famoso Museo Guggenheim. El museo se conoce en todo el mundo por su arquitectura impresionante y por sus exposiciones de arte moderno. Delante del museo hay un perro de flores, llamado «Puppy», que tiene 12 metros de altura.

San Sebastián es una ciudad no muy grande pero muy bonita que está situada en la costa en el noreste del País Vasco. Tiene una playa que se llama «La Concha[2]», debido a la forma de la bahía[3].

El País Vasco es también famoso por su gastronomía, que tiene una gran reputación tanto a nivel nacional como internacional. Los platos más importantes son los de pescado y de marisco. Y claro, San Sebastián es la ciudad de los pinchos – pequeñas raciones de comida sobre una rebanada de pan. En la ciudad se encuentran excelentes bares de pinchos donde sirven platos pequeños de las especialidades de la región, que se suelen tomar de pie mientras uno charla con los amigos.

Pero no solamente se come mucho, también se hace deporte: Hay deportes que describen la tradición rural[4] y pesquera de Euskadi, como por ejemplo remar[5], el levantamiento de piedras[6], y el famoso corte de troncos[7] (aizkolari).

En el País Vasco hay dos lenguas oficiales: el castellano y el vasco, también llamado euskera. El euskera es de origen desconocido. Como no es un idioma indoeuropeo es bastante difícil aprender esta lengua. Antes se hablaba sobre todo en el campo y en la costa, en pueblos pesqueros como Bermeo, Mundaka y Hondarribia. Ahora se enseña en las escuelas y también hay programas de radio y de televisión en euskera. Se calcula que hoy en día un 35 % de la población vasca sabe hablar bien el euskera. Y este número está creciendo[8].

1 **la montaña** Berg 2 **la concha** Muschel 3 **la bahía** Bucht 4 **rural** ländlich 5 **remar** rudern 6 **la piedra** Stein 7 **el tronco** Baumstamm 8 **crecer** wachsen

b) Visita la página web del Museo Guggenheim (www.guggenheim-bilbao.es). ¿Qué horario tiene? ¿Cuánto cuesta una entrada para mañana para un/a estudiante? Escribe las respuestas en tu cuaderno.

PASO 3 **5** ● | **a) Antes de leer el texto piensa qué significan las palabras de la tabla.**

→ Wörter erschließen, S. 180

	significado	palabras relacionadas del español, alemán, inglés, francés, latín, ...
la muerte (título)	der Tod	span.: muerto/-a, el/la muerto/-a, morir
la catástrofe (subtítulo)		
el petrolero (subtítulo)		
provocar (l. 1)		
peculiar (l. 2)		
el estilo (l. 2)		
el origen (l. 3 + 8)		
responder (l. 4)		
el miembro (l. 12)		
el metro cuadrado (l. 15)		
el chalé (l. 19)		
ir a misa (l. 19)		
simple (l. 29)		
natural (l. 29)		
elaborar (l. 30)		
la escultura (l. 30)		
al aire libre (l. 30)		
el cadáver (l. 39)		
emerger (l. 40)		
enterrar (l. 40)		
el fuel (l. 44)		
la tristeza (l. 46)		

b) Ahora lee el artículo «Me vais a entender después de mi muerte» e intenta comprender por el contexto las palabras de la tabla que todavía no entiendes.

La Voz de Galicia

«Me vais a entender después de mi muerte»

Manfred Gnädinger, «Man», murió en 2002 durante la catástrofe del barco petrolero «Prestige». Pero su vida plantea[1] todavía muchas preguntas.

Man, el anacoreta[2] de Camelle, no sólo provocaba preguntas por su arte peculiar. También su estilo de vida, su origen y su muerte plantean preguntas que todavía no se pueden responder totalmente. Pese a[3] la frase que repetía muchas veces ante sus amigos: «Vais a entender mi vida después de mi muerte».

Su origen

Manfred Gnädinger nació el 27 de enero de 1936 en la villa de Radolfzell, cerca de Friburgo, en Alemania. Tenía siete hermanos. Hoy, los miembros de la familia Gnädinger viven en una situación acomodada. Nada apunta a que tenían un hermano que murió en una chabola[4] de cinco metros cuadrados al borde del Atlántico.

Los dos Manfred

Man llegó a Camelle en el año 1961. Pasó los primeros años en un chalé. Iba a misa regularmente y pintaba cuadros, que enviaba[5] a concursos[6] para ganar algún dinero. Después de unos años en Camelle, conoció a una profesora joven y muy simpática. Ella quería aprender alemán y pasaba mucho tiempo con él. Man se enamoró de la mujer. Pero como en todos los cuentos de hadas[7], ella lo rechazó porque ya tenía novio. Man empezó a comportarse[8] «como un barco que pierde el rumbo», dice un amigo. Empezó entonces una vida de anacoreta sobre la escollera[9] de Camelle. Allí llevaba una vida lo más simple y natural posible. Elaboraba esculturas al aire libre cerca de la playa donde vivía y cuidaba su pequeño jardín. También instaló allí un pequeño museo donde mostraba sus obras[10]. Así lo conoció todo el mundo.

Su muerte

Un año antes de su muerte, Man contó un sueño suyo que, ahora, pone la piel de gallina[11]: soñó que el chapapote[12] iba a cubrir[13] toda la arena[14] de la playa y el cadáver de una ballena[15] negra emergía de las aguas. Manfred la enterraba con sus propias manos y allí mismo yacía[16] para siempre su alma[17]. Un chico del pueblo encontró al anacoreta muerto en su chabola el 28 de noviembre 2002, un mes después de que el fuel del «Prestige» había devastado[18] su museo. Se dice que Man murió por tristeza. Su vida todavía plantea muchas preguntas.

Según © La Voz de Galicia, 2004

1 **plantear** *hier:* aufwerfen 2 **el/la anacoreta** Einsiedler/in 3 **pese a** trotz 4 **la chabola** Hütte, Baracke 5 **enviar** schicken; *hier:* einreichen 6 **el concurso** Wettbewerb 7 **el cuento de hadas** Märchen 8 **comportarse** sich verhalten 9 **la escollera** Damm 10 **la obra** Werk 11 **poner la piel de gallina** eine Gänsehaut machen 12 **el chapapote** Teer 13 **cubrir** bedecken 14 **la arena** Sand 15 **la ballena** Wal 16 **yacer** sich befinden; *hier:* begraben sein 17 **el alma** *f.* Seele 18 **devastar** verwüsten

c) Lee otra vez el texto y escribe la biografía de «Man» en tu cuaderno.

1. Manfred Gnädiger ____
2. Sus padres ____
3. A los veinticinco años Manfred ____
4. Antes de conocer a una profesora joven ____
5. Ya que la profesora no se enamoró de él la vida de Man ____
6. Entonces vivía en una chabola cerca de la playa donde ____
7. Un año antes de su muerte ____
8. En 2002, la catástrofe del «Prestige» ____
9. Poco después Man ____

- *hacer* sus esculturas.
- *morirse*, tal vez por tristza.
- *tener* ocho hijos.
- *vivir* en un chalé, iba a la iglesia y se dedicaba a su arte.
- *tener* un sueño terrible.
- *viajar* a Camelle, un pueblo en la costa gallega.
- *cambiar* mucho y él empezó a vivir de anacoreta.
- *nacer* en 1936 en el sur de Alemania.
- *devastar* las playas y también el museo de Man.

d) Busca en Internet información sobre la catástrofe del «Prestige» y preséntala brevemente en clase.

EXPRESIÓN ORAL

PASO 2 **6** **Quieres pasar las vacaciones de verano en Galicia. Llamas a una agencia de viajes en La Coruña porque necesitas información. Haced el tándem.**

agente de viajes	tú
Du meldest dich am Telefon. Nenne deinen Namen und den Namen deines Reisebüros („Aventuras").	Agencia de viajes «Aventuras», buenos días. Usted habla con ______. / Soy ______.
Hola. Me llamo ______ y estoy llamando desde Alemania. Quiero hacer un viaje a Galicia y tengo algunas preguntas.	Du begrüßt deinen Gesprächspartner, sagst wie du heißt und dass du aus Deutschland anrufst. Du möchtest eine Reise nach Galicien machen und hast ein paar Fragen (*preguntas*).
Natürlich. Du fragst, was er/sie wissen will.	Claro. / Por supuesto. ¿Qué quiere saber?
Primero me gustaría saber qué tiempo hace normalmente en Galicia en agosto.	Erstens würdest du gerne wissen, wie das Wetter normalerweise im August in Galicien ist.
Du sagst, dass Juli und August die beste Zeit ist, um nach Galicien zu reisen. Es regnet dann allgemein viel weniger als in den anderen Monaten. Und die Temperaturen sind sehr angenehm (*agradable*). Hier ist es niemals zu heiß.	Pues, julio y agosto es el mejor tiempo para viajar a Galicia. Generalmente llueve mucho menos que en los otros meses. Y las temperaturas son muy agradables. Aquí nunca hace demasiado calor.
Suena muy bien. ¿Y se pueden hacer excursiones interesantes desde La Coruña?	Das klingt sehr gut. Du fragst, ob man von La Coruña aus interessante Ausflüge machen kann.
Ja, sehr viele. Man kann zum Beispiel einen Ausflug nach Santiago de Compostela machen. Oder man kann ein Stück des Jakobweges laufen.	Sí, muchas. Por ejemplo se puede hacer una excursión a Santiago de Compostela. O se puede caminar una parte del Camino de Santiago.
Me parece una idea muy buena.	Du findest das eine sehr gute Idee.
Du fragst, ob du dann ein Hotel für ihn/sie reservieren (*hacer una reserva*) kannst.	¿Entonces puedo hacer una reserva en un hotel para usted?
Sí, por favor. Quiero viajar del 2 al 17 de agosto y necesito una habitación doble.	Du bejahst. Dein Reisezeitraum ist der 2.–17. August. Du brauchst ein Doppelzimmer (*una habitación doble*).
Du sagst, dass es am Strand ein Hotel „Miramar" gibt. Dort kostet ein Doppelzimmer mit Frühstück 75 € pro Nacht. Du fragst, was er/sie davon hält.	Hay un hotel en la playa que se llama «Miramar». Tiene habitaciones dobles por 75 € por noche, con desayuno. ¿Qué le parece?
Me parece muy bien.	Du findest das sehr gut.
Dann wirst du die Reservierung vornehmen. Du fragst ihn/sie, ob er/sie auch einen Flug braucht.	Entonces voy a hacer la reserva. ¿Necesita usted también vuelo?
No, gracias. Los compro en Internet.	Du verneinst. Du kaufst die Flüge im Internet.
In Ordnung. Du fragst nach Namen und Adresse deines Gesprächspartners.	De acuerdo. ¿Me puede decir su nombre y su dirección por favor?
Mi nombre es / Me llamo ______. Mi dirección es ______. Gracias y adiós.	Du sagst deinen Namen und deine Adresse, bedankst und verabschiedest dich.

8

EXPRESIÓN ESCRITA

PASO 2 **7** **¿Qué tiempo hace? Escribe el pronóstico para España en tu cuaderno.**

hoy

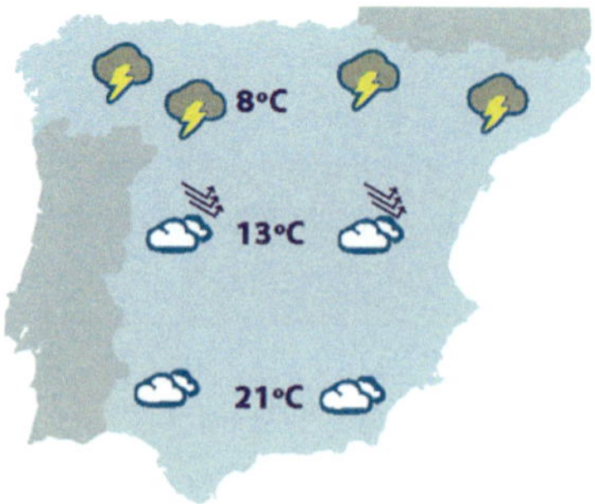

la noche

mañana

El cielo[1] va a estar despejado[2]/nublado durante (casi) todo el día.
La temperatura máxima[3] va a ser de ______ grados.
La temperatura puede bajar hasta los ______ grados.
llover / *nevar* / *hacer* sol / *hacer* viento / *haber* tormentas
hacer frío/calor/______ grados
hacer buen/mal tiempo

1 **el cielo** Himmel
2 **despejado** wolkenlos
3 **la temperatura máxima** Höchsttemperatur

PASO 3 **8** **Describe y compara los paisajes de Andalucía y el País Vasco en tu cuaderno. ¿Qué similitudes y diferencias hay?**

→ Ein Bild beschreiben, S. 186

→ Das zweisprachige Wörterbuch benutzen, S. 197

Andalucía: el pueblo de Olvera, campos de olivos

País Vasco: Carranza

PASO 3 **9** ● | **Piensa en una excursión o en unas vacaciones que hiciste solo, con amigos o con tu familia. Describe qué hiciste, qué tiempo hacía y cómo te sentías.**

Ejemplo: El mes pasado fui con mi familia a... Era un día muy bonito y hacía muy buen tiempo. Hacía mucho sol y no había ni una nube en el cielo. Hicimos...

Bevor du mit dieser Übung beginnst, lies noch einmal die Paragraphen 59 und 61 auf S. 214 im Grammatikanhang deines Schulbuches (Gebrauch des *Indefinido* und *Imperfecto*).

G 58 **10** ▸ *PRETÉRITO IMPERFECTO* ○ | **Completa la tabla.**

Infinitivo	Presente	Imperfecto
______	______	existían
______	______	teníamos
______	caminan	______
______	veis	______
______	hacen	______
______	voy	______
______	______	dábamos
______	llevas	______
______	______	era

8

G 58 **11** ▸ *PRETÉRITO IMPERFECTO* ● | **¿Cómo era el Camino de Santiago? Haz el ejercicio 3, página 109, del libro del curso. Luego escribe las frases y haz los cambios necesarios.**

1. Hoy muchas personas recorren el Camino de Santiago.

   Antes ______

2. Hoy existen muchos motivos para hacer el Camino.

   Antes ______

3. Hoy todos los peregrinos llevan buenos zapatos para caminar.

   Antes ______

4. Hoy muchos peregrinos van en bicicleta.

   Antes ______

5. Hoy algunos peregrinos duermen en un hotel.

   Antes ______

6. Hoy los peregrinos son hombres y mujeres.

   Antes ______

7. Hoy los peregrinos llevan mochilas.

   Antes ______

8. Hoy hacer el camino es fácil.

   Antes ______

G 59 **12** ▶ **GEBRAUCH *PRETÉRITO INDEFINIDO* UND *PRETÉRITO IMPERFECTO* ● | Completa la historia de Eliana con la forma correcta del pretérito indefinido o del imperfecto.**

Buenos Aires

Antes Eliana y sus padres ______________ (vivir) en Argentina. En esa época la situación (ser) ______________ muy mala. No ______________ (haber) trabajo. Un día la madre ______________ (decir): ¿Por qué no vamos a España? Tengo familia en Galicia.

Los padres ______________ (ir) a una agencia de viajes y ______________ (reservar) un vuelo a Santiago de Compostela. Pero en aquel entonces Eliana ______________ (tener) muchos amigos en Buenos Aires y lo ______________ (pasar) bien allí. Y por eso no ______________ (querer) ir a España. Pero ______________ (irse) con la familia.

G 60 **13** ▶ **ADVERBIEN AUF *-MENTE* | Forma adverbios con los adjetivos siguientes y completa las frases.**

desgraciado, normal, afortunado (2 x), real, tranquilo, solo, actual

Alexander habla del Camino de Santiago:

Antes las personas que hacían el camino eran ______________ peregrinos. Siempre hacían el camino a pie. ______________ los peregrinos hacen el camino a pie, en bici o a caballo.

Yo lo hice en bici. ______________, durante mi viaje no llovió. Pero ______________ en Galicia llueve mucho.

Durante el camino conocí a dos chicos ______________ muy simpáticos. Decidimos ir juntos para disfrutar de la naturaleza.

Yo estaba muy contento cuando llegué a Santiago. ______________ no hablamos gallego, pero ______________ pudimos hablar en castellano. Después de visitar la ciudad cogí ______________ un tren y tres días más tarde llegué a Colonia.

G 61

14 ▸ DAS *PRETÉRITO INDEFINIDO* UND DAS *PRETÉRITO IMPERFECTO* IM SATZ | Relaciona las dos columnas y escribe las frases con los verbos en pretérito imperfecto y en indefinido.

1. Cuando Mario *llegar* a casa de Eliana	1	a	*hacer* calor otra vez.
2. Cuando *estar* todos los amigos en el jardín	2	b	*hacer* sol todavía.
3. Mientras ellos *tomar* las tapas	3	c	*cambiar* el tiempo.
4. Pero cuando *volver* todos a sus casas	4	d	*empezar* a llover.

8

G 59
G 61

15 ▸ DAS *PRETÉRITO INDEFINIDO* UND DAS *PRETÉRITO IMPERFECTO* IM SATZ | Sergio escribe en su diario. Elige entre el pretérito indefinido y el pretérito imperfecto.

Arzúa, 13 de agosto

Ayer en Palas de Rei no escribí/escribía nada porque estuve/estaba muy cansado... Es que caminamos/caminábamos más de 25 kilómetros. El paisaje fue/era realmente impresionante. También hizo/hacía buen tiempo, pero por la tarde de repente empezó/empezaba a llover muy fuerte. Por eso tomamos/tomábamos la decisión de ir al próximo pueblo para pasar la noche allí. Pero en Ligonde todos los albergues estuvieron/estaban completos. Entonces decidimos/decidíamos caminar a Palas de Rei. Ahí encontramos/encontrábamos una habitación libre en el albergue «Buen Camino». ¡Menos mal! Además hubo/había una lavadora. Durante la noche hizo/hacía mucho frío porque no hubo/había calefacción – claro que en agosto no hay calefacción... ¡Qué día y qué noche!

8

AUTOCONTROL

G 59 G 61 **1** **Marina está pasando las vacaciones en Galicia. Les escribe un correo a sus amigas en Granada. Completa el correo electrónico con las formas correctas del pretérito imperfecto y del pretérito indefinido.**

Hola, chicas:

¿Qué tal estáis? Yo muy bien, muy feliz. Cuando ________________ (llegar) a Galicia hace tres semanas, ________________ (llover) todo el tiempo y ________________ (hacer) frío. Pero el domingo pasado el tiempo ________________ (cambiar) y ________________ (ser) un día estupendo para mí: ________________ (hacer) sol y no ________________ (haber) mucha gente en la playa. Yo ________________ (leer) un libro y ________________ (escuchar) el último cedé de Manu Chao. Todo ________________ (estar) muy tranquilo...

De repente ________________ (llegar) un chico alto y rubio, que ________________ (venir) hacia mí y me ________________ (decir): «Hola, me llamo Pablo... y tengo un problema. No encuentro las llaves de mi casa y no tengo aquí el móvil para llamar a mis padres.» Entonces yo le ________________ (dar) mi móvil y así Pablo ________________ (poder) llamar y resolver su problema. Pero lo importante es que desde entonces Pablo y yo somos amigos, muy buenos amigos...

Bueno, pasadlo muy bien en Granada.

Besos, Marina

G 58 **2** **Ordena los párrafos y cuenta lo que dice Asunción sobre el Camino de Santiago.**

☐ Muchos vienen en bici o a caballo. Antes no ________________ (existir) esa posibilidad, todas las personas ________________ (ir) a pie.

☐ Además, en aquel entonces sólo ________________ (haber) un albergue y cuando ________________ (estar) completo algunos peregrinos ________________ (quedarse) a dormir en nuestra casa. Hoy hay muchos albergues. Y es mejor así.

☐ Cuando yo ________________ (ser) joven, ________________ (verse) pocos peregrinos por aquí. Hoy en día la ciudad se llena de gente en verano, vienen personas de todas partes del mundo.

☐ Antes todas las personas que ________________ (hacer) el camino ________________ (ser) peregrinos. ________________ (caminar) por motivos religiosos. Hoy muchos jóvenes vienen porque les gusta la naturaleza y quieren conocer el país.

UNIDAD 9

COMPROMISO SOCIAL

COMPRENSIÓN AUDITIVA

VAMOS **1** **24 Escucha los tres diálogos. ¿Con cuáles de los carteles puedes asociarlos? Escribe el número del diálogo en la casilla.**

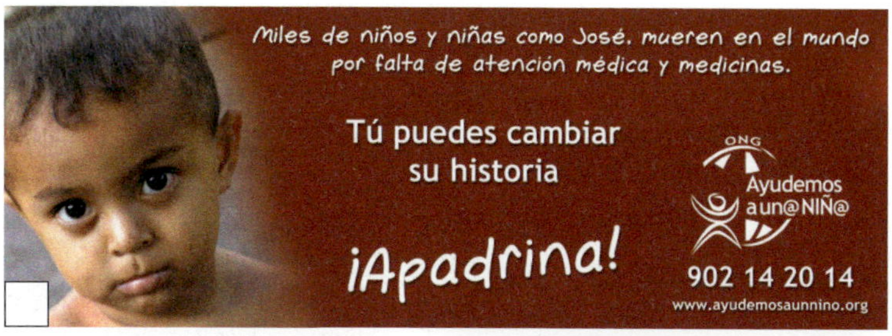

PASO 1 **2** **25 En la revista «Voluntarios» salen historias de voluntarios que se han ido a otros países para ayudar a los demás. Escucha la historia de Ainhoa y contesta las preguntas.**

1. Ainhoa es una persona
   ☐ tranquila. ☐ muy alegre. ☐ bastante seria.
2. Empezó a realizar tareas de voluntariado
   ☐ a los 16 años. ☐ a los 21 años. ☐ a los 30 años.
3. Ainhoa trabajó de voluntaria en
   ☐ Senegal. ☐ Malawi. ☐ Kenia.
4. Primero Ainhoa trabajó en
   ☐ un centro para niños. ☐ un hospital. ☐ un comedor infantil.
5. A la gente con necesidad le daban alimentos básicos, como por ejemplo
   ☐ pan y maíz. ☐ arroz y frutas. ☐ arroz y maíz.
6. Las clínicas móviles visitan
   ☐ a la gente en sus pueblos. ☐ a los niños en el instituto. ☐ a los enfermos en la calle.
7. Según Ainhoa, trabajar de voluntario es muy bonito pero también hay momentos en que uno se siente
   ☐ triste. ☐ solo. ☐ inseguro.

COMPRENSIÓN LECTORA

PASO 2 **3** ◯ **Lee el texto, después marca si la información es correcta o falsa.**

EL CONSUMO CULTURAL

Sabemos leer pero no leemos libros, tampoco periódicos, y de leer alguno, leemos deportivos. Nos encanta echar lágrimas[1] frente a una pantalla[2] provocadas por *reality shows* y telenovelas. Lo del teatro es algo que sabemos que existe pero donde nunca hemos estado, como en la luna. Y si somos jóvenes estamos con los cascos puestos escuchando algo de rock.

Analfabetos funcionales

Es cierto[3] que la mitad de la población actual no lee nunca, y eso en uno de los países que se encuentran entre los más avanzados de este planeta. Estudios dicen que sólo una tercera parte lee con regularidad. Entre los que leen periódicos, los hombres prefieren las noticias deportivas, políticas y económicas, y las mujeres se interesan por la cultura, la decoración, la moda y las revistas de asuntos sentimentales.

Pero los españoles vemos mucho la tele, aunque la mayoría dice que quiere ver menos. Y vamos mucho al cine. Los españoles vamos más al cine que el promedio[4] de los europeos, y aunque el cine español es cada vez más valorado[5], las películas que más se ven son las producidas en los Estados Unidos. Son los jóvenes con formación universitaria los que demuestran mayor interés por el cine. A partir de los 35 años la asistencia desciende; según[6] los encuestados[7] debido a[8] las responsabilidades familiares.

Música

La música sí forma parte de la vida cotidiana de los españoles. Los jóvenes hasta los 25 años suelen escuchar pop-rock regularmente. A medida que crece la edad los gustos se van templando y las personas maduras[9] muestran sus preferencias por las baladas y la música iberoamericana. Es en las personas mayores donde la pertenencia[10] a una clase social u otra influye más en el gusto musical: el folclore regional para las clases media y baja, mientras que en las clases de nivel cultural alto se manifiesta un mayor interés por la música sinfónica.

Lo que no parece despertar el entusiasmo de los españoles sea cual sea su edad, sexo, raza o condición social es el teatro. Los habitantes de un país que ha dejado nombres escritos en las piedras como Calderón, Lope, Lorca o Tirso aceptan que tres de cada cuatro no han ido nunca al teatro.

según © Pilar Gasca, Socióloga, 2000

1 **echar lágrimas** Tränen vergießen 2 **la pantalla** Bildschirm 3 **cierto/-a** richtig, wahr 4 **el promedio** Durchschnitt 5 **valorar** wertschätzen 6 **según** laut, gemäß 7 **el/la encuestado/-a** Befragte/r 8 **debido a** aufgrund 9 **maduro/-a** reif 10 **la pertenencia** Zugehörigkeit

	c	f
1. Etwa die Hälfte der Spanier liest regelmäßig Bücher.	☐	☐
2. Männer lesen häufiger über Politik, Frauen häufiger über Kultur.	☐	☐
3. Die Spanier gehen häufiger ins Kino als die meisten anderen Europäer.	☐	☐
4. Spanische Filme sind in Spanien beliebter als amerikanische.	☐	☐
5. Studenten gehen verhältnismäßig selten ins Kino.	☐	☐
6. Personen über 35 Jahren haben zunehmend familiäre Verpflichtungen.	☐	☐
7. Musik ist in Spanien ein wichtiger Bestandteil des Alltags.	☐	☐
8. Musikgeschmack ist in Spanien oft mit sozialer Herkunft verbunden.	☐	☐
9. Theater ist in Spanien fast so beliebt wie Kino.	☐	☐

PASO 2 **4** ● **a) Mira las palabras nuevas en la tabla. Puedes deducir qué significan porque ya conoces palabras en español de la misma familia.**

→ Wörter erschließen, S. 180

	palabra en español de la misma familia	significado
la vuelta (l. 1)	verbo: volver (vuelto)	die Rückkehr
el horario (l. 2)		
ofrecer (l. 13)		
necesario/-a (l. 18)		
crear (l. 22 + 38)		
la necesidad (l. 23 + 29)		
la pérdida (l. 25)		
el bien (l. 29)		
la seguridad (l. 34)		
aburrirse (l. 37)		
el aburrimiento (l. 38)		
educarse (l. 47)		
inseguro/-a (l. 48)		

b) Mira sólo el título del texto de la página siguiente. ¿Cuál piensas que es la opinión del autor sobre el tema del consumismo? Toma algunas notas.

____

____

____

c) Ahora lee el texto de la página siguiente. Después decide si las siguientes frases son correctas o falsas, según el texto.

	c	f
1. Es fácil para los padres no comprar a sus hijos todo lo que ellos quieren tener.		
2. Los niños quieren tener muchas cosas porque las ven en la tele o porque están de moda.		
3. Muchos niños quieren tener cosas que realmente no necesitan.		
4. Nuestro sistema económico es parte del problema del consumismo.		
5. Lo que falta en muchas familias es la austeridad.		
6. Si un niño tiene muchas cosas no es un problema.		
7. El ser humano necesita muchas cosas para estar bien.		
8. Las cosas nuevas dan seguridad a los niños.		
9. Los niños se aburren menos por la tele y los juegos electrónicos.		
10. Los objetos para jugar hacen a los niños más felices.		
11. Los niños que viven en un ambiente consumista son más seguros porque tienen todo lo que necesitan.		

▶

9

Valgo por lo que soy y no por lo que tengo

¡VUELTA AL COLE! Todos volvemos a la rutina de las clases, de los trabajos, de los horarios, de las obligaciones. Y de nuevo esperar largas colas[1] para comprar los libros, las mochilas, estuches, material escolar, ropa, y un largo etcétera de objetos nuevos y relucientes. «Cómprame», «quiero tener...», «mi amiga tiene, yo también quiero» son palabras y frases que frecuentemente escuchamos los padres y que cuesta[2] eludir[3], ya que nuestros hijos están cada vez más insertos en un medio donde se encantan con miles de productos que ofrecen la televisión, la publicidad[4] o las modas que circulan en el ambiente. Esto los lleva muchas veces a tener una actitud[5] consumista, queriendo adquirir[6] más y más cosas, que muchas veces no son absolutamente necesarias.

El fenómeno del consumismo infantil se debe básicamente a dos razones. La primera, el medio que nos rodea[7]. Estamos en un sistema económico que tiene el defecto de crear necesidades y los niños no pueden estar ajenos a este medio, donde básicamente, por una pérdida de austeridad[8] a nivel de las familias, ven que los padres compran muchas cosas, que son pasajeras y desechables. De esta manera, los niños tienen cantidades de bienes, lo que les va generando más necesidades y una constante ansiedad[9].

La segunda es que se ha perdido el concepto de austeridad y el creer que el ser humano[10] se puede entretener con mucho menos. A los niños se les da a entender que la seguridad se encuentra en las cosas materiales y no en interior de cada ser humano [...].

Además los niños necesitan aburrirse, porque desde el aburrimiento crean. El exceso de televisión, de juegos electrónicos, va anulando su capacidad interna de admirarse, de entretenerse[11]. Es necesario darles la seguridad desde adentro[12], hacerles ver que las cosas son un medio, que puedan tener objetos para jugar, materiales para trabajar, pero que estos no hacen a la persona más o menos feliz, sino que son solamente un instrumento.

Por otro lado, los niños que se educan en un ambiente consumista son tremendamente inseguros, porque tienen su seguridad puesta en las cosas exteriores, y no en su persona.

según © www.salesianas.com

1 **la cola** Warteschlange 2 **costar** *hier:* schwer fallen 3 **eludir** ausweichen 4 **la publicidad** Werbung 5 **la actitud** Einstellung, Haltung 6 **adquirir** bekommen, erlangen 7 **rodear** umgeben 8 **la austeridad** Genügsamkeit 9 **la ansiedad** innere Unruhe 10 **el ser humano** Mensch 11 **entretenerse** sich beschäftigen, sich unterhalten 12 **adentro** innen

d) Comenta la opinión que se presenta en el texto sobre el consumismo en tu cuaderno.

Para empezar ___
En primer/segundo lugar ___
Además ___
Sin embargo ___
Eso significa/muestra que ___
Por un lado ___, por otro lado ___
En mi opinión ___
Pienso/Creo que ___
Me parece que ___
(No) Estoy de acuerdo con que ___
(No) Entiendo por qué ___
Para terminar ___

→ Das zweisprachige Wörterbuch benutzen, S. 197

→ Eine persönliche Stellungnahme verfassen, S. 192

PASO 2 **5** **Estás haciendo un intercambio en Madrid y estás charlando con un/a amigo/-a. Haced el tándem.**

A	B
Du fragst deine/n Freund/in, was er/sie heute Morgen gemacht hat.	¿Qué has hecho esta mañana?
¿Esta mañana? Pues, he dormido hasta las seis. Después me he levantado, me he duchado y he desayunado muy rápido, sólo un café y galletas.	Heute Morgen hast du bis 6 Uhr geschlafen, dann bist du aufgestanden, hast geduscht und schnell einen Kaffee und Kekse gefrühstückt.
Du fragst, warum er/sie so früh aufgestanden ist. Heute ist doch Samstag.	¿Por qué te has levantado tan temprano? Hoy es sábado.
(Es que) He trabajado en un evento benéfico que ha empezado bastante temprano.	Du hast auf einer Benefizveranstaltung gearbeitet, die recht früh begonnen hat.
Du fragst, ob er/sie wieder bei einem Benefizkonzert Getränke verkauft hat.	¿Has vendido bebidas en un concierto benéfico otra vez?
Esta vez no ha sido un concierto sino una fiesta. La ha organizado un grupo de bolivianos. Han hecho una presentación sobre los problemas que tiene la gente joven en su país. Nosotros hemos vendido comida. El dinero que hemos ganado lo vamos a mandar a un centro de niños en La Paz. También ha tocado un grupo de música boliviano.	Dieses Mal war es kein Konzert, sondern ein Fest, das eine Gruppe Bolivianer organisiert haben. Sie haben eine Präsentation über die Probleme junger Leute in ihrem Land gehalten. Ihr habt Essen verkauft. Das Geld, das ihr verdient habt, werdet ihr an ein Kinderzentrum in La Paz schicken. Es hat auch eine bolivianische Band gespielt.
Du hast diese Woche im Fernsehen eine Dokumentation zum gleichen Thema gesehen. Sie hat dich sehr beeindruckt. Du sagst ihm/ihr, dass er/sie dir Bescheid sagen soll, falls er/sie wieder mal auf einer Benefizveranstaltung arbeitet. Du wirst dann mitkommen.	Esta semana he visto un documental en la tele sobre el mismo tema. ¡Me ha impresionado mucho! Oye, si trabajas otra vez en un evento benéfico, me lo dices, ¿vale? Voy a ir contigo.
(Pues) Perfecto. / ¡Qué bien! ... Otra cosa / Cambiando de tema, esta tarde me ha llamado Juan. Me ha dicho que esta noche hace una fiesta en su casa. ¿Qué dices, vamos ahí? / ¿Quieres ir conmigo?	Das findest du super. Du wechselt das Thema und sagst, dass dich Juan heute Nachmittag angerufen hat. Er hat dir gesagt, dass er heute Nacht eine Party bei sich zu Hause macht. Du fragst deine/n Freund/in, ob ihr dort hin gehen wollt.
Du würdest gerne mitkommen. Aber du hast dich schon mit deiner Mitbewohnerin Katja verabredet. In diesem Moment stellst du fest, dass du eine SMS empfangen hast. Du sagst deinem/-r Freund/in, dass er/sie einen Moment warten soll. ... Du sagst, dass die SMS von Katja ist. Sie fragt, ob du Lust hast, heute Abend auf eine Party zu gehen. Sie sagt, dass sie gerade einen sehr netten Jungen kennengelernt hat. Er heißt Juan und hat euch zu einer Party bei ihm zu Hause eingeladen.	Sí, me gustaría ir (contigo). Pero ya he quedado con mi compañera de piso Katja. ... Espera un momento, (es que) acabo de recibir un mensaje. ... Es de Katja. Quiere saber si tengo ganas de ir a una fiesta esta noche. Dice que acaba de conocer a un chico muy simpático. Se llama Juan y nos ha invitado a una fiesta en su casa.
¡No es posible!	Du rufst erstaunt, dass das nicht möglich sei.

9

EXPRESIÓN ESCRITA

PASO 3 **6** **Esta mañana has llegado a Quito, donde vas a pasar los próximos tres meses haciendo prácticas en una escuela, enseñando alemán. Por la noche escribes un e-mail a tu familia. Cuenta qué ha pasado en tu primer día en Ecuador. Utiliza también algunas de las palabras del recuadro.**

antes de
al
después de
hasta
por
para

+ infinitivo

PASO 3 **7** ● | **Mira el cartel y explica qué significan los diez derechos de los niños en concreto. Da ejemplos y escribe tu texto en tu cuaderno. Puedes empezar así:**

→ Das zweisprachige Wörterbuch, S. 197

Todos los niños del mundo tienen derechos. El primero de los diez derechos de los niños es que tienen el derecho a ser niños. Esto significa que pueden jugar y que no tienen que trabajar. Además...

→ Textinhalte erläutern, S. 192

El segundo derecho quiere decir que ____ Esto significa ____ Por ejemplo, ____ Este derecho puede significar que ____ Además ____

tercero/-a
cuarto/-a
quinto/-a
sexto/-a
séptimo/-a
octavo/-a
noveno/-a
décimo/-a

8 ▶ ***ACABAR DE* + INFINITIV | La Universidad de Alcalá está organizando un evento benéfico. Ana participa también. Completa sus respuestas utilizando una forma de *acabar de …* o *ir a …* y el infinitivo de uno de los verbos del recuadro. A veces tienes que poner el complemento directo (*la/s* y *lo/s*) también.**

llegar · tocar · esperar · poner (x 2) · venir · llamar (x 2) · llevar (x 2)

La profesora García	Ana
1. Hola, Ana. Acabo de llegar. ¿Qué tal por aquí?	Bien, bien. Rubén y yo estamos aquí desde hace una hora y los otros, como usted, ______________.
2. ¿Y dónde están los carteles?	Rubén y yo ______________ ______________ a la sala.
3. Muy bien. Y oye, ¿el médico que trabaja para MSF viene o no?	______________ para decir que ______________ a las ocho.
4. Muy bien. Y los chicos del grupo de música, ¿tienen todo lo que necesitan?	Sí, están contentos con el ambiente y ______________ ______________ todo en la sala.
5. Conoces al grupo, ¿verdad?	No, no lo conozco pero creo que ______________ ______________ bien.
6. Espero que sí. ¿Hay suficientes sillas en la sala?	Creo que sí. Jorge y Nuria ______________ ______________ 50 sillas más. Deben ser suficientes ahora, ¿no cree?
7. Sí, es más que suficiente. ¿Y la comida?	______________ al jefe del restaurante y dice que su gente ______________ ______________ a las nueve y media.
8. ¿Qué más nos falta entonces?	No nos falta nada. ______________ a la gente y podemos descansar un poco.

G 62

9 🎧26 ▶ **DIE INDIREKTE REDE UND FRAGE IM PRÄSENS | Escucha y reacciona. Estás en un parque de Madrid con un amigo. En este momento te llama por móvil tu amiga Sara. Explica a tu amigo qué dice Sara.**

1. Es Sara. Dice que ahora está en Albacete, pero que va a volver por la noche.

____

____

____

____

____

G 63 **10** ▸ ***PRETÉRITO PERFECTO*** **| Después del bar «Limón» Ana vuelve a su piso y habla en la cocina con sus compañeros antes de acostarse. Completa el diálogo.**

Rubén: ¿De dónde vienes tan tarde?

Ana: Primero ______________________ a un evento de Médicos Sin Fronteras con Pablo y Miguel y después ______________________ en el bar «Limón» con ellos y Laura. ¿Y qué tal tu día? ¿______________________ mucho para tu examen?

Rubén: Sí. ______________________ otra vez con todos los exámenes de los otros años pero todavía no ______________________ contestar todas las preguntas. Esta asignatura es súper difícil para mí.

Maribel: Tampoco es para tanto, Rubén. Hasta ahora ______________________ todo y siempre ______________________ una buena nota, tío.

Ana: Es verdad.

Rubén: Sí, pero para los últimos exámenes nunca ______________________ que prepararme solo. Raúl y yo siempre ______________________ juntos.

Maribel: ¿______________________ algo entre vosotros? ¿Por qué no os ______________________ juntos esta vez?

Rubén: No, ¡qué va! Raúl ______________________ el curso en el extranjero. Acaba de volver pero sus padres y él ______________________ que no se presenta para este examen.

Ana: Bueno, chicos. Os dejo. Suerte para mañana, Rubén.

ir
estar
estudiar
trabajar
saber
aprobar
sacar
tener
estudiar
pasar
preparar
pasar
decidir

G 63 G 65 **11** ▸ ***PRETÉRITO PERFECTO*** **(REGELMÄSSIGE UND UNREGELMÄSSIGE VERBEN) | Ana y sus compañeros de piso a veces no se ven. Por eso se dejan notas. Completa las notas y utiliza el pretérito perfecto y los siguientes verbos:**

llamar hacer poder ir estar mandar pasar salir encontrar jugar decir

1

______________________ Laura y Pablo. ______________________ que van a ir al bar Limón esta tarde.
Besos, Maribel ☺

2

______________________ aquí Jorge y Raúl. Lo ______________________ muy bien. ______________________ mucho con tu portátil. Te ______________________ un mensaje por el móvil.
Rubén

3

Rubén, ______________________ al mercado para comprar más fruta y papel higiénico. Cenamos juntos, ¿vale? ¿Y qué tal el examen, lo ______________________ bien?
Hasta luego, Ana

4

Ana y Rubén, vuelvo en una hora. ______________________ para tomar un café con mi novio. ¿______________________ mis gafas de sol? Otra vez no las ______________________ encontrar.
Besos, Maribel

G 63 G 66 **12** ▸ *PRETÉRITO PERFECTO* ▸ **ZWEI OBJEKTPRONOMEN IM SATZ | Contesta las preguntas con las palabras entre paréntesis y utiliza los complementos directos e indirectos como en el ejemplo.**

Ejemplo:
¿Ya os habéis preparado el texto para la invitación?
(todavía - imaginar / pero/ poder - imaginar - esta noche)
No, todavía no nos lo hemos preparado pero podemos preparárnoslo esta noche.

1. ¿Ya te has comprado el documental de Médicos Sin Fronteras?
(todavía - comprar / pero / querer - comprar - esta tarde)

No, ______

2. Me has recomendado donar sangre para Médicos Sin Fronteras, ¿verdad?
(recomendar / pero / querer - recomendar)

No, ______

3. ¿Ya les has explicado a tus amigos por qué no quieres ir a la manifestación?
(todavía - explicar / pero / poder - decir - mañana)

No, ______

4. ¿Nos habéis contado la verdad o no?
(todavía - contar / pero / querer - contar - la próxima vez)

No, ______

5. ¿Ya le habéis dado al chico vuestro donativo para la campaña contra el maltrato de animales?
(todavía - dar / pero / ir a dar - la semana que viene)

No, ______

6. ¿Ya han mandado las entradas gratuitas a los voluntarios?
(todavía - mandar / pero / ir a mandar - ahora mismo)

No, ______

G 66 **13** ▸ **ZWEI OBJEKTPRONOMEN IM SATZ | El padre de Laura tiene muchas ideas y preguntas. Contesta al padre utilizando los complementos directos e indirectos.**

1. + Manda las gafas a tu abuela, por favor.
   - Ya se las he mandado.
2. + Cómprate una falda nueva y otra blusa para el trabajo.
   - Ya ______.
3. + Demuestra a tu jefa que ya sabes organizar eventos y reuniones.
   - Ya ______.

9

4. + Diles a tus amigos que pueden ver la película en nuestra casa si quieren.

   – Ya ______________________________.

5. + Explícame otra vez cómo se manda un mensaje por móvil, por favor.

   – ¡Ya ______________________________ cinco veces!

6. + Pregúntale a Ana si quiere ir a comer el domingo.

   – Ya ______________________________.

G/67 **14** ▶ ***LLEVAR, SEGUIR* UND *IR + GERUNDIO* | Escribe las frases utilizando *llevar*, *seguir* o *ir* + gerundio.**

1. Busca trabajo desde hace seis meses.

   Lleva seis meses buscando trabajo.

2. Todavía trabaja para esta empresa.

   ____

3. Vive en Madrid desde hace diez años.

   ____

4. Todavía vive en Madrid.

   ____

5. Gracias al nuevo profe de Matemáticas comprendo cada vez más.

   ____

6. ¿Todavía sale con su novia Clara?

   ____

7. Ya salen juntos desde hace ocho meses.

   ____

8. ¿Dónde está Pablo? ¿Está viendo la tele todavía?

   ____

G/68 **15** ▶ **DER INFINITIV NACH PRÄPOSITIONEN | a) Termina las frases.**

me acosté un momento — tomé un taxi — no voy a poder salir con vosotros — quiero hacer una llamada importante — no pude decir nada — tuve que repetir el curso

Antes de salir de casa ______________________________.

Hasta no terminar mi trabajo ______________________________.

Por no estudiar bastante ______________________________.

Después de comer ______________________________.

Al entrar a la oficina ______________________________.

Para llegar a tiempo ______________________________. ▶

b) Ahora inventa frases utilizando las siguientes preposiciones.

Antes de ______________________________.

Hasta ______________________________.

Por ______________________________.

Después de ______________________________.

Al ______________________________.

Para ______________________________.

G 69 **16** ▸ **DIE VERDOPPELUNG DES OBJEKTS | Completa las frases con un complemento directo o indirecto si son necesarios.**

1. El abrigo no me ______________ he puesto porque hoy ha hecho bastante calor.
2. A la directora todavía no ______________ he encontrado.
3. Este año ______________ he pasado unas semanas fantásticas en Asturias.
4. Los deberes nunca ______________ he hecho en casa.
5. El dinero que ganaron en el evento ______________ donaron a los Médicos Sin Fronteras.
6. No, gracias pero esta película ya ______________ he visto tres veces.
7. Las fotos te ______________ mando con el próximo e-mail, ¿vale?
8. El intercambio escolar ______________ gustó mucho a los alumnos.
9. Muchos padres ______________ dan consejos a sus hijos.

9

G 59 G 61 G 64 **17** ▸ ***PRETÉRITO INDEFINIDO, PRETÉRITO IMPERFECTO, PRETÉRITO PERFECTO*** ● **| Felix escribe una carta a su amiga Yolanda. Subraya las palabras claves y elige el tiempo del pasado correcto.**

Hola, Yolanda:
Ya **ha pasado / pasó / pasaba** casi un mes desde que **he llegado / llegué / llegaba** a Guamote y ahora te puedo contar más cosas sobre mi vida aquí. Antes no **he podido / pude / podía** imaginarme la vida de esta gente. Me **ha sorprendido / sorprendí / sorprendía** cuántas personas no saben leer ni escribir. Además ahora **he conocido / conocí / conocía** a muchos padres de mis alumnos que no saben hablar español. Como yo no sé hablar el kichwa, que es el idioma de los habitantes de Guamote, ya **he tenido / tuve / tenía** algunos problemas. Por ejemplo el otro día me **han visitado / visitaron / visitaban** los padres de una alumna que **han llegando / llegaron / llegaban** para buscar a su hija porque la **han necesitado / necesitaron / necesitaban** en casa. La abuela de la chica **ha estado / estuvo / estaba** muy enferma y la chica **ha llorado / lloró / lloraba**[1], y yo **he pensado / pensé / pensaba** que **ha llorado / lloró / lloraba** por su abuela y no **he entendido / entendí / entendía** que no **ha querido/ quiso / quería** volver a su pueblo porque **ha preferido / prefirió / prefería** seguir estudiando Informática conmigo. Ese día me **he sentido / sentí / sentía** muy mal. Pero también me voy acostumbrando cada vez más a esta cultura. El último fin de semana me **he ido / fui / iba** con un voluntario de Estados Unidos que ya lleva medio año trabajando aquí en «la Nariz del Diablo». Por supuesto **hemos hecho / hicimos / hacíamos** el famoso viaje en tren[2]. **Ha sido / Fue / Era** fantástico aunque **ha hecho / hizo / hacía** mucho frío. Bueno, ya es tarde y tengo que dormir.
Buenas noches ☺
Felix

1 **llorar** weinen 2 **el tren** Zug

9 AUTOCONTROL

G 64 G 65

1 Completa las frases poniendo los correspondientes verbos de la derecha en el pretérito perfecto.

1. Hoy ________ (nosotros) hasta la diez de la noche en un concierto benéfico.	trabajar
2. Todavía no ________ (vosotros) las razones, ¿verdad?	entender
3. Esta tarde mi novio ________ de sus vacaciones.	volver
4. + ¿Qué ________ tus padres sobre tu boletín de notas?	decir
– Todavía no lo ________.	ver
5. En este evento ________ (vosotros) muchas de vuestras cualidades positivas.	demostrar
6. Hasta ahora todos los candidatos ________ las expectativas.	cumplir
7. ¿________ (vosotras) ya que nuestro voluntario hace un trabajo fenomenal?	notar
8. Mi novio me ________ hoy.	sorprender
9. Hoy ________ (nosotras) ropa elegante para el evento.	ponerse
10. Nuestro perro ________ esta noche.	morir
11. Todavía no ________ (nosotros) a ningún país de Asia.	viajar
12. ¿Cómo os ________ (vosotros) durante la conversación con la nueva jefa de personal?	sentir
13. + ¿Ya le ________ tu problema a Laura?	contar
– No, todavía no la ________.	ver

G 64 G 65

2 ¿Pretérito perfecto o pretérito indefinido? Subraya las palabras clave y elige el tiempo del pasado correcto.

1. Esta mañana nosotros ________ (leer) una entrevista muy interesante en el periódico.
2. En esta entrevista el Sr. Maza ________ (hablar) sobre la crisis económica.
3. Él ________ (trabajar) en la SEAT durante 25 años.
4. Desde 1998 hasta 2005 ________ (ser) presidente.
5. En octubre de 2008 ________ (empezar) la crisis en EE. UU.
6. Poco después ________ (llegar) a todo el mundo.
7. Hasta hoy miles de personas ________ (perder) su trabajo.
8. Por suerte, ya se ve luz al final del túnel. Ya se ________ (vender) dos millones de coches.

UNIDAD 10

EL MEDIO AMBIENTE

COMPRENSIÓN AUDITIVA

PASO 1 **1** 27 **Escucha el spot publicitario de una cadena de radio de Perú y contesta las preguntas en tu cuaderno.**

1. En tu opinión, ¿a quién se dirige[1] este spot?
2. ¿Cuál es el tema del spot?
3. ¿Qué dice el primer niño sobre los restos de la comida?
4. Termina y explica la frase que dice el segundo niño: «Recuerda que...».
5. ¿Qué día es el 5 de junio?

1 **dirigirse (a alg.)** (sich an jdn.) wenden, richten

PASO 2 **2** 28 **a) Maite y Juan salen del instituto. Ahí ven a Roberto, su amigo. Escucha el diálogo, después marca si la información es correcta (c), falsa (f) o no está en el texto (?).**

	c	f	?
1. Roberto se implica en un grupo ecológico.	☐	☐	☐
2. El sábado es el cumpleaños de Maite.	☐	☐	☐
3. Roberto y su grupo luchan contra una fábrica de química.	☐	☐	☐
4. Juan se enfada con Roberto.	☐	☐	☐
5. Hay cada vez más fábricas en la ciudad.	☐	☐	☐
6. Juan y Maite se pelean muy a menudo.	☐	☐	☐
7. Roberto y su grupo organizan una manifestación.	☐	☐	☐
8. Roberto no va a la disco porque es demasiado tarde.	☐	☐	☐

28 **b) Escucha otra vez y contesta: ¿Qué quieren Roberto, Maite y Juan?**

Roberto quiere ______________________________

____

____

Maite quiere ______________________________

Juan quiere ______________________________

____

PASO 3 **3** 29 **a) Carmen llama al Ayuntamiento[1] para quejarse de los contenedores de vidrio[2] de enfrente de su casa. Escucha el diálogo y toma apuntes en tu cuaderno.**

- ¿Dónde vive Carmen?
- ¿Qué piensa Carmen sobre la separación de la basura[3]?
- ¿Por qué se queja de los contenedores?
- ¿Qué consejo le da el empleado del Ayuntamiento?

1 **el Ayuntamiento** Rathaus
2 **el contenedor de vidrio** Glascontainer
3 **la separación de la basura** Mülltrennung

29 **b) Escucha otra vez. ¿Qué significa el verbo *tirar*?**

____

10

COMPRENSIÓN LECTORA

PASO 3 **4** **a) Lies den Text und erschließe dir die Bedeutung der unterstrichenen Wörter mit Hilfe einer Tabelle. Gib bei jedem Wort an, ob du es aus dem Kontext verstehst oder du verwandte Wörter aus dem Spanischen, dem Deutschen oder anderen Fremdsprachen kennst.**

→ Wörter erschließen, S. 180

Wort	Kontext (✗)	verwandtes span. Wort	Dt./Engl./Franz./...	Bedeutung
(la) alerta			engl.: alert	Alarm
ambiental		el medio ambiente		

Decretan[1] alerta ambiental en Santiago de Chile por la contaminación del aire

Las autoridades de Santiago de Chile decretaron este viernes la primera alerta ambiental del año tras[2] registrarse en las últimas horas un empeoramiento[3] de la calidad del aire.

La medida[4] supone[5] la salida de la circulación de cerca de 150.000 automóviles y hay una estricta fiscalización[6] del cumplimiento de la medida. Estos vehículos suponen el 40 % de los automóviles que carecen de convertidor catalítico[7].

La alerta de este viernes supone además otras medidas, como la prohibición de utilizar leña[8] en sistemas de calefacción y la recomendación de abstenerse de realizar actividades deportivas al aire libre.

Una ciudad en problemas

A las 07:00 horas del viernes, según las estaciones de medición[9] instaladas en diversos sectores de la ciudad,

el índice[10] de partículas nocivas[11] por metro cúbico de aire era de 209 miligramos, nivel[12] considerado malo, en el sector de Cerro Navia.

En Santiago Centro, Pudahuel, Cerrillos y Quilicura el índice era regular (entre 100 y 200 miligramos de partículas) y bueno (entre 0 y 100 miligramos) en Independencia, Las Condes, El Bosque, Puente Alto y Talagante.

La capital chilena es la segunda ciudad más contaminada de América Latina después de Ciudad de México y registra constantes episodios de alerta ambiental, principalmente en otoño e invierno (abril-septiembre).

La situación de alerta rige hasta las 24.00, hora local, del viernes.

Agencia Efe S.A., Santiago de Chile, 2010

1 **decretar** anordnen 2 **tras** nachdem 3 **el empeoramiento** Verschlechterung 4 **la medida** Maßnahme 5 **suponer** *hier:* bedeuten 6 **la fiscalización** Kontrolle, Überwachung 7 **el convertidor catalítico** Katalysator 8 **la leña** Brennholz 9 **la estación de medición** Messstation 10 **el índice** Index, Messwert 11 **nocivo-a** gesundheitsschädlich 12 **el nivel** Niveau, Stand

b) Lee otra vez el texto y marca con una x si la información es correcta o falsa.

→ Selektives Leseverstehen, S. 184

	c	f
1. Santiago de Chile tiene problemas con la calidad del aire.	☐	☐
2. En Santiago de Chile hay 150.000 coches.	☐	☐
3. De momento es mejor no hacer deporte al aire libre.	☐	☐
4. En Cerro Navia la calidad del aire es regular.	☐	☐
5. En Ciudad de México hay más contaminación que en Santiago de Chile.	☐	☐
6. Hay más contaminación en otoño e invierno que en verano.	☐	☐
7. En Santiago de Chile el invierno es de diciembre a febrero.	☐	☐

EXPRESIÓN ORAL

PASO 1 **5** **Tienes un/a compañero/-a de piso de Galicia. A él/ella le importa mucho el medio ambiente. A veces tenéis opiniones diferentes y discutís. Trabajad en parejas y haced el tándem.**

tú	tu compañero/-a de piso
Du begrüßt deine/n Mitbewohner/in, der/die gerade hereinkommt und fragst, wo er/sie herkommt.	Hola. ¿De dónde vienes?
Vengo de una manifestación contra el aeropuerto nuevo.	Du kommst von einer Demo gegen (*contra*) den neuen Flughafen.
Du fragst, welches Problem er/sie mit den Plänen für den neuen Flughafen hat.	¿Cuál es tu problema con los planes para el aeropuerto nuevo? / ¿Qué problema tienes con...?
Primero, no necesitamos otro aeropuerto en esta región. Ya hay uno que está bastante cerca. Y segundo, ¡hay que volar menos, no más!	Erstens braucht man deiner Meinung nach keinen weiteren Flughafen in dieser Region. Es gibt schon einen, der ziemlich nahe liegt. Und zweitens muss man weniger fliegen, nicht mehr!
Nun, es stimmt, dass man nicht weiterhin so viel fliegen kann wie jetzt. Aber manchmal muss man fliegen, wenn man in den Urlaub will.	Bueno, es verdad que no se puede seguir volando tanto como (se hace) ahora. Pero a veces hay que volar cuando quieres ir de vacaciones.
Claro, cuando quieres viajar muy lejos, entonces tienes que volar. Pero uno no viaja todos los años a México, ¿verdad?	Klar, wenn man sehr weit verreisen will, muss man fliegen. Aber man verreist ja nicht jedes Jahr nach Mexiko.
Du gibt's ihm/ihr Recht. Innerhalb (*dentro de*) Europas kann man auch mit dem Zug oder dem Bus fahren. Das ist viel umweltbewusster. Aber jetzt sollt ihr in die Küche gehen. Du möchtest kochen.	Tienes razón. Dentro de Europa se puede viajar también en tren o en autobús. Es mucho más ecológico. ... Anda, vamos a la cocina. Quiero cocinar.
Oye, ¿por qué has puesto el lavaplatos otra vez?	Du fragst, warum er/sie schon wieder den Geschirrspüler angemacht hat.
Du sagst, dass es schon keine sauberen (*limpio/-a*) Teller mehr gab.	Es que ya no había platos limpios.
Por favor, no pongas el lavaplatos sólo por los platos. Está medio vacío. Así gastamos mucha agua y mucha electricidad.	Du sagst, dass er/sie bitte den Geschirrspüler nicht nur wegen den Tellern anmachen soll. Er ist halb leer. Auf diese Weise verbraucht ihr viel Wasser und viel Strom.
Du sagst, dass ihr dann mehr Teller kaufen müsst. Ihr braucht Teller zum Essen, oder etwa nicht?	Entonces tenemos que comprar más platos. Necesitamos platos para comer, ¿o no?
No te enfades. Tienes razón, podemos comprar más platos.	Du sagst, dass er/sie sich nicht ärgern soll. Er/Sie hat Recht, ihr könnt mehr Teller kaufen.
In Ordnung. Und jetzt wird gekocht! Du hast Bio-Essen gekauft, weil du weißt, dass er/sie das mag.	Está bien. Y ahora, ¡a cocinar! He comprado comida ecológica porque sé que a ti te gusta.
¡Tu sí que eres un/a buen/a compañero/-a de piso!	Du sagst, dass er/sie wirklich ein/e tolle/r Mitbewohner/in ist.

EXPRESIÓN ESCRITA

VAMOS **6** **Comenta la imagen y el texto de este anuncio en tu cuaderno.**

- Describe la imagen.
- Explica su significado.
- Explica por qué las bolsas de plástico son un problema.
- ¿Piensas que el anuncio comunica bien su mensaje? ¿Por qué (no)?

→ Eine persönliche Stellungnahme verfassen, S. 192

1 **podremos** werden wir [...] können 2 **respirar** atmen

VAMOS **7** **a) Mira el cartel y descríbelo en tu cuaderno.**

→ Ein Bild beschreiben, S. 186

generar consciencia Bewusstsein schaffen
la Tierra Erde
el globo Globus
el continente Kontinent

● | **b) Escribe un artículo para el periódico escolar. Convence a los lectores de que es importante no gastar tanta agua. Utiliza también las expresiones del recuadro.**

agua limpia[1] — agua potable[2] — bañarse/ducharse — cerrar el grifo[4] — poner el lavaplatos / la lavadora — ahorrar[3] agua — pensar en el futuro — proteger[6] el medio ambiente — regar las plantas[5] por la noche

1 **limpio/-a** sauber 2 **el agua potable** *f.* Trinkwasser 3 **ahorrar** sparen 4 **el grifo** Wasserhahn 5 **regar las plantas** (e → ie) die Blumen gießen 6 **proteger** (yo protejo) beschützen

PASO 3 **8** **Carmen escribe una carta al Ayuntamiento para quejarse de los contenedores de vidrio de enfrente de su casa. Utiliza tus apuntes del ejercicio 3 a), p. 93, y escribe la carta de Carmen.**

→ Einen Brief schreiben, S. 193

- Estimados señores y señoras:
- Me dirijo a Uds.[1]
- Vivo en
- muy ruidoso
- *separar* la basura
- me parece malo que
- *tirar* las botellas
- (no) creo que
- es importante que
- En espera de sus noticias, les saluda atentamente,

1 **me dirijo a Uds.** ich wende mich an Sie

G/70 **9** ▶ **DER VERNEINTE IMPERATIV | Transforma las frases como en el ejemplo y haz recomendaciones a tu compañero/-a.**

1 No hay que gastar tanta agua – ¡No gastes... ____

2. No hay que ver tanto la televisión. ____

3. No hay que utilizar bolsas de plástico. ____

4. No hay que usar mucha energía. ____

5. No hay que ir demasiado en coche. ____

6. No hay que hacer ruido. ____

7. No hay que poner la radio por la noche. ____

G/71 **10** ▶ ***SUBJUNTIVO*** **| Alejandro expresa sus sentimientos, deseos y opiniones. Completa las frases.**

1. Tengo miedo de que mis hijos ____ (vivir) en un medio ambiente con mucha contaminación.
2. Prefiero que mi familia ____ (tomar) el tren para ir de vacaciones.
3. Quiero que mis hijos ____ (trabajar) en un ambiente sano.
4. No creo que los gobiernos ____ (encontrar) soluciones contra el cambio del clima.
5. Espero que ____ (usarse) más energía ecológica en el futuro.
6. Me alegra que en el mundo se ____ (reciclar) más y más basura.
7. Miguel, espero que ____ (tener) un buen viaje a México.
8. Chicos, deseo que ____ (pasar) un feliz verano.

10

G/71 **11** ▶ ***SUBJUNTIVO*** **| Maribel está discutiendo con Rubén. Escribe las respuestas de Rubén como en el ejemplo.**

Rubén

Maribel

1. Creo que nuestro medio ambiente es sano.
2. Pienso que tenemos suficientes platos para poner el lavaplatos.
3. Creo que las bombillas normales gastan menos electricidad.
4. Creo que los españoles se interesan mucho por el medio ambiente.
5. Pienso que la mayoría de los españoles separa la basura.

1. No creo que nuestro medio ambiente sea sano.

2. No pienso ____

G/72 **12** ▸ ***SUBJUNTIVO* NACH UNPERSÖNLICHEN AUSDRÜCKEN | Lee otra vez el texto de la página 141 del libro del curso. Después forma cuatro frases.**

Es importante que Es fantástico que Está muy bien que Es necesario que	los productores «Comercio Justo» la gente	*poder* tener *rechazar* *pagar*	un precio justo a los productores. una vida digna. un precio justo por los productos. el trabajo infantil.

____

____

____

____

____

____

____

____

G/71 G/72 **13** ▸ ***SUBJUNTIVO*** ▸ ***SUBJUNTIVO* NACH UNPERSÖNLICHEN AUSDRÜCKEN ◯| Sentimientos y opiniones. Completa las frases.**

1. A muchas personas no les importa la conservación del medio ambiente.

   Me molesta que a muchas personas no les ____

   ____

2. En las plantaciones se utilizan muchos pesticidas.

   No es bueno que ____

   ____

3. El hijo de Enrique trabaja en una plantación donde se utilizan pesticidas.

   A Enrique le molesta que su hijo ____

   ____

4. El hijo de Enrique puede tener problemas con los pulmones.

   Enrique tiene miedo de que ____

   ____

5. El jefe de Enrique no necesita a más personas.

   Es malo que ____

6. A Enrique no le preocupa el futuro.

   Me encanta que ____

7. Hay mucha pobreza en el mundo.

   Me entristece que ____

8. En Europa hay gran demanda de productos ecológicos.

   Nos alegra que ____

G 71
G 72

14 ▸ ***SUBJUNTIVO*** ▸ ***SUBJUNTIVO* NACH UNPERSÖNLICHEN AUSDRÜCKEN** ● | **Carmen y su familia quieren alquilar una casa de campo en un parque natural para las vacaciones. Decide cuándo es necesario el subjuntivo y cuándo el indicativo o el infinitivo. Luego completa la carta.**

contestar estar mandar poder recomendar ser (2 x) ver tener (2 x)

Estimados señores:

Mi familia y yo queremos alquilar una casa de vacaciones para el mes de agosto. Para nosotros es importante que la casa ________________ cerca de la playa porque nos gusta ________________ el mar.

Esperamos que ustedes ________________ ayudarnos, que nos ________________ una casa bonita. No nos importa que la casa ________________ nueva, pero queremos que ________________ bastante grande, porque ________________ cinco hijos y necesitamos que ellos ________________ lugar para jugar.

Esperamos que nos ________________ pronto y nos ________________ fotos o catálogos de «nuestra casa».

Saludos cordiales,

Carmen Goitia

G 71
G 72

15 ▸ ***SUBJUNTIVO*** | **Completa los diálogos con los verbos en infinitivo, subjuntivo o indicativo.**

1. **Rubén:** Ana, me molesta que ________________ (poner / tú) el lavaplatos por cuatro platos.
   Ana: Bueno, pero a mí no me gusta ________________ (lavar) los platos.
   Rubén: Sí, sí, pero es más ecológico ________________ (llenar) el lavaplatos.

2. – Me alegra que en la Unión Europea se ________________ (usar) cada vez más energías renovables.
   – Sí, y me alegra también que en el mundo se ________________ (reciclar) más y más basura.

3. – Marta, no creo que ________________ (ser) bueno para el medio ambiente que tú ________________ (usar) tantas bolsas de plástico.
   – Es verdad, Inés, y tampoco ________________ (ser) bueno para el medio ambiente ________________ (bañarse) siempre en la bañera.

10

10 AUTOCONTROL

G/71 **1** **Completa las frases con las formas correctas de los verbos.**

1. No me gusta que mi hermana no ____________ (estudiar) nunca.
2. Me preocupa que mi padres ____________ (trabajar) tanto.
3. No quiero que nadie ____________ (enfermarse).
4. Quiero ____________ (ganar) mucho dinero.
5. Espero que los novios ____________ (ser) felices.
6. Marco espera ____________ (aprobar) el examen.
7. Les recomiendo a ustedes que ____________ (venir) mañana.
8. Me alegra que la gente ____________ (separar) la basura.
9. Prefiero ____________ (viajar) en tren.
10. Es bueno que ____________ (usar / vosotros) bombillas fluorescentes.

G/72 **2** **Completa las frases con las formas correctas de los verbos del recuadro.**

tomar · vivir · comprar · enfermarse · pasar · gastar · utilizar

1. Es necesario que la gente no ____________ tanta energía.
2. Es malo que se ____________ pesticidas en las plantaciones.
3. Es importante que nadie ____________ por la contaminación.
4. Es bueno que el Gobierno ____________ más medidas parar proteger el medio ambiente.
5. Es mejor que nuestros niños ____________ en un ambiente sano.
6. Es fantástico que los jóvenes ____________ sus vacaciones en parques naturales.
7. Está bien que la gente ____________ bombillas fluorescentes.

G/71 **3** **Los tíos de Maite han tenido un niño. Completa la carta con los verbos en indicativo o subjuntivo.**

Queridos tíos:

¡Enhorabuena! ¡Qué alegría, por fin ha nacido mi sobrino!

¡Espero que os ____________ (sentir) fenomenal en vuestro nuevo papel[1] de padres! Os ____________ (desear) que ____________ (ser) muy felices con el pequeño Pablo y que lo ____________ (disfrutar). Espero también que el niño ____________ (estar) siempre muy sano, que ____________ (comer) bien y que os ____________ (dejar) dormir. Juan y yo ____________ (querer) visitaros pronto para conoceros.

Un abrazo,

Maite

1 **el papel** *hier:* Rolle

UNIDAD 11 LA ECONOMÍA DE ESPAÑA

COMPRENSIÓN AUDITIVA

VAMOS **1** 30 **Escucha la información sobre la economía de las comunidades autónomas de las Islas Baleares y Extremadura. Después marca si la información es correcta (c), falsa (f) o si no se menciona (?).**

→ Selektives Hörverstehen, S. 184

	c	f	?
1. Ibiza es el segundo destino turístico más importante de España.	☐	☐	☐
2. Mallorca es la isla más grande de las Islas Baleares.	☐	☐	☐
3. Más de dos tercios de la población trabaja en el sector de servicios.	☐	☐	☐
4. Los políticos locales[1] quieren que haya más agricultura en las Islas.	☐	☐	☐
5. En Extremadura el sector de servicios aporta un 67 % del PIB.	☐	☐	☐
6. En Extremadura hay muchas empresas de tamaño[2] pequeño y medio.	☐	☐	☐
7. El PIB per cápita de Extremadura es más bajo que el de Andalucía.	☐	☐	☐
8. En Extremadura mucha gente está en paro.	☐	☐	☐

1 **el/la político/-a local** Lokalpolitiker/in 2 **el tamaño** Größe

PASO 2 **2** 31 ● | **Escucha las voces de los «nuevos catalanes». ¿De qué temas hablan?**

→ Globales Hörverstehen, S. 183

1. Dior Ndiaye, 23 años, llegó con 6 años a Lleida.

☐ integración[1]
☐ discriminación[2]
☐ trabajo
☐ idioma

2. Mohamed Dennana, 26 años, lleva 12 en Salt.

☐ integración
☐ discriminación
☐ trabajo
☐ idioma

3. Youcef Allaoui, llegó a Vic a los 14 años.

☐ integración
☐ discriminación
☐ trabajo
☐ idioma

4. Marem Ndiaye, 17 años, nació en Lleida.

☐ integración
☐ discriminación
☐ trabajo
☐ idioma

1 **la integración** Integration 2 **la discriminación** Diskriminierung

PASO 3 **3** 32 ● | **Estás en un supermercado en Alicante con tus padres. Ellos quieren saber todo sobre las ofertas que anuncian por altavoz. Escucha y toma apuntes para explicarles lo más importante en alemán (producto, precio, etc.).**

____

____

____

____

____

COMPRENSIÓN LECTORA

PASO 2 **4** **a) Antes de leer el texto piensa qué significan las palabras de la tabla.**

→ Wörter erschließen, S. 180

	palabras relacionadas (del español, alemán, inglés, ...)	significado
inexplicable		
el encuentro		
decisivo/-a		
sorprendido/-a		
ofrecer		
ilegalmente		
el permiso de residencia		
construir		
contratar a alguien		
la condición		

b) Lee el fragmento de la novela *Abdel*.

→ Das zweisprachige Wörterbuch benutzen, S. 197

Abdel, un joven inmigrante marroquí, acaba de llegar a España con su padre.

Estuvimos tres semanas en las provincias de Cádiz y Málaga buscando trabajo, pero no conseguimos nada. La gente nos miraba con desconfianza. Más de una vez, incluso, tuvimos que salir corriendo ante la amenaza de que avisarían[1] a la policía. Los españoles son pacíficos, pero tienen un miedo inexplicable a los extraños. Es posible que entre ellos sean más amables, pero nosotros éramos extranjeros. Empezábamos a desanimarnos. [...] Después de todo, no queríamos que nos regalaran[2] nada, sólo queríamos trabajar en un piso rico y abundante. Con comida y una manta para domir en el suelo nos conformábamos.

A primeros de mayo [...] tuvimos un encuentro decisivo. Estábamos cerca de Marbella, sentados[3] sobre unas rocas. Un hombre moreno descargaba una carretilla [...]. Por el aspecto nos pareció que podía ser árabe, y decidimos arriesgarnos a probar suerte una vez más.

– Hermano, si eres hijo de Alá, como nosotros, ayúdanos.

El hombre, que luego nos dijo que se llamaba Omar, se quedó muy sorprendido y miraba temeroso en una y otra dirección. Parecía una buena persona. No esperaba encontrarse a nadie en aquel aislado vertedero, y tenía tanto miedo como nosotros.

– ¿Qué queréis de mí? No tengo nada que ofrecer. ¿En qué puedo ayudaros? [...]

– Yo soy Yasir Muhbahar, y éste es mi hijo Abdel. Hemos entrado ilegalmente en España, y necesitamos encontrar un trabajo de lo que sea.

Omar tampoco tenía permiso de residencia en España, pero al poco de llegar encontró un trabajo de peón en un chalé que empezaban a construir cerca de donde estábamos, así que se quedó en Marbella. Jorge Meléndez, su patrón, le contrató a él y a otros inmigrantes marroquíes con unas condiciones muy duras y un salario muy bajo. Omar no se quejaba: en Marruecos sólo le esperaba el hambre.

– Podríais intentar pedirle trabajo al señor Meléndez – nos dijo – porque todavía queda mucho por hacer en el chalé que estamos construyendo.

Enrique Páez, Abdel © Ed. SM, Madrid, 1994

1 **avisarían** sie würden benachrichtigen (3. Pers. Pl. Condicional von *avisar*) 2 **regalaran** (3. Pers. Pl. Imperfecto de subjuntivo von *regalar*) 3 **sentados** sitzend (Partizip von *sentarse*)

c) Resume este fragmento de la novela *Abdel*.

→ Eine Zusammenfassung schreiben, S. 191

d) ● | Compara la vida que llevan Abdel y su padre en España con la vida de Jaqueline Velarde (libro del curso, p. 149).

→ Textinhalte erläutern, S. 192

PASO 3 **5** **a) Lee las líneas 1 a 10 del artículo. Después explica en alemán qué ha pasado en Islandia.**

Cerca de 13 millones de turistas llegaron a España en los cuatro primeros meses del año

- El cierre del espacio aéreo[1] en Europa durante siete días, como consecuencia de la nube volcánica, ha condicionado[2] los resultados de la llegada de turistas en abril.
- El número de visitantes cayó[3] un 13,3% en el mes, lo que sitúa el descenso[4] en los cuatro primeros meses en el 4,3%.
- Las llegadas desde Reino Unido y Alemania han sido las más afectadas por las cenizas[5] generadas por el volcán islandés.
- Los turistas procedentes[6] de Estados Unidos, que no se vieron afectados por los problemas aéreos en Europa, crecieron un 4,8% en abril.

Madrid, 21.05.10.

Durante el mes de abril llegaron a España 3,9 millones de turistas internacionales, lo que ha supuesto un descenso del 13,3% respecto al mismo mes de 2009, según la encuesta del Instituto de Estudios Turísticos. Este resultado ha estado fuertemente condicionado por la nube volcánica que ha invadido el espacio aéreo internacional y la consiguiente cancelación de vuelos, que en el caso de España ha tenido una duración de siete días.

Mercados emisores

Reino Unido, principal mercado emisor con más de 800.000 llegadas, fue el que sufrió en mayor medida las consecuencias de la nube de cenizas del volcán islandés Eyjafjallajökull, con una caída en el mes del 27,7%.

Francia, que se ha situado como segundo mercado más importante en cuanto a volumen de llegadas, también descendió[7] aunque en menor medida, dada la menor dependencia que este mercado tiene de la vía aérea.

Alemania, por su parte, también registró una caída importante, por encima del 20%, lo que se tradujo en 172.000 turistas menos, mientras que en el resto de mercados principales, Italia y los Países Nórdicos, también se registraron resultados negativos.

Cabe destacar el aumento reseñable de la llegada de turistas procedentes de Estados Unidos, que no se vio afectado por los problemas en el espacio aéreo europeo y que creció un 4,8% respecto a abril de 2009.

Comunidades autónomas de destino principal

Cataluña, principal destino turístico de los extranjeros, fue el que retrocedió en menor medida, favorecido por el menor peso registrado por las llegadas por vía aérea. Por el contrario, los archipiélagos balear y canario fueron los destinos que más descendieron, en consonancia con su mayor dependencia del transporte aéreo.

1 **el espacio aéreo** Luftraum 2 **condicionar** bedingen, verursachen, beeinflussen 3 **caer** fallen 4 **el descenso** Rückgang, Abnahme 5 **la ceniza** Asche 6 **procedente** aus, stammend 7 **descender** abnehmen, zurückgehen

b) Lee el artículo completo, después marca si la información es correcta (c) o falsa (f).

→ Das zweisprachige Wörterbuch benutzen, S. 197

	c	f
1. En abril de 2010 viajaron a España más turistas que en abril de 2009.	☐	☐
2. En España, el cierre del espacio aéreo duró una semana.	☐	☐
3. El mayor número de turistas en España viene de Reino Unido.	☐	☐
4. La llegada de turistas alemanes creció más de un 20%.	☐	☐
5. La nube volcánica no afectó a los vuelos entre EE.UU. y España.	☐	☐
6. En Cataluña, las llegadas descendieron más que en las Islas Canarias.	☐	☐

EXPRESIÓN ORAL

PASO 3 **6** **Estás haciendo prácticas en la empresa Turrón Martínez S.L. en Alicante. Por la noche hablas con tu compañero/-a de piso de tus experiencias. Haced el tándem.**

el/la compañero/a de piso	tú
Du sagst deinem/deiner Mitbewohner/in, dass er/sie in letzter Zeit (*últimamente*) recht spät nach Hause kommt.	Oye, últimamente vuelves bastante tarde a casa.
Sí, de momento tengo mucho trabajo. Pero las prácticas son muy importantes para mí. Quiero adquirir más experiencia.	Du bejahst und sagst, dass du gerade viel Arbeit hast. Aber das Praktikum ist sehr wichtig für dich. Du willst noch mehr Erfahrungen sammeln.
Du verstehst ihn/sie. Aber du möchtest wissen, ob es notwendig ist, dass er/sie immer so lange in der Firma bleibt.	Te entiendo. ¿Pero es necesario que siempre te quedes en la empresa hasta tan tarde?
Bueno, la verdad es que las horas extra me molestan un poco. Por otro lado, esta tarde he conocido a los dos gerentes generales.	Du sagst, dass dich die Überstunden schon ein bisschen stören. Andererseits hast du heute Abend die beiden Geschäftsführer kennen gelernt.
Du zeigst dich erstaunt und fragst, was er/sie denn gemacht habe, um sie so schnell kennen zu lernen.	¡Vaya! ¿Qué has hecho para conocerlos tan pronto?
(No he hecho) Nada. He pasado todo el día en el departamento de Producción y por la tarde los (señores) Martínez han visitado ese departamento.	Du entgegnest, dass du nichts gemacht hast. Du hast den ganzen Tag in der Produktionsabteilung verbracht und am Nachmittag haben die Martínez diese Abteilung besucht.
Du fragst, ob es ein Familienunternehmen ist.	¿Es una empresa familiar?
Sí. Los Martínez son los nietos del fundador.	Du bejahst und sagst, dass die Martínez die Enkel des Gründers sind.
Du willst wissen, ob es dann eine kleine Fabrik ist.	¿Entonces es una fábrica pequeña?
Creo que en total unas 80 personas trabajan ahí.	Du glaubst, dass insgesamt etwa 80 Personen dort arbeiteten.
Für ein Familienunternehmen findest du das recht groß.	Para una empresa familiar me parece bastante grande.
Sí. / Es verdad. Y la empresa sigue creciendo. El departamento de Marketing ahora está trabajando en una campaña que se dirige al mercado europeo. Allí la demanda de turrón está creciendo rápidamente. Mañana me van a explicar los detalles.	Du bestätigst das und sagst, dass die Firma weiter wächst. Du erzählst, dass die Marketing-Abteilung jetzt an einer Kampagne arbeitet, die sich an den europäischen Markt richtet, weil dort die Nachfrage nach Turrón schnell wächst. Morgen werden sie dir die Details erklären.
Du sagst, dass du schon siehst, dass die Marketing-Abteilung ihn/sie sehr interessiert. Du hoffst, dass es ihm/ihr morgen dort gefallen wird.	Ya veo que te interesa mucho el departamento de Marketing. Espero que te guste ahí mañana.

EXPRESIÓN ESCRITA

VAMOS **7** **Describe la tasa de paro de algunos de los estados federados de Alemania en tu cuaderno.**

→ Eine Statistik auswerten, S. 187

introducción	Este gráfico muestra ____.
descripción	El estado federado ____ es la región con la tasa de paro más/menos alta. En ____ uno de cada ____ personas (no) tiene trabajo. La tasa de paro en ____ es más alta/baja que la tasa de paro en ____ / nacional. Un ____ porciento de los alemanes en ____ está en paro.
interpretación	____ es una región económicamente (no) muy fuerte porque ____. Eso quiere decir que ____. Esto significa que ____.
conclusión	En resumen[1] este gráfico muestra que ____.

1 **en resumen** zusammenfassend

La tasa de paro de Alemania

Baviera	4,4 %
Baden-Wurtemberg	4,9 %
Renania-Palatinado	5,7 %
Hesse	6,5 %
Baja Sajonia	7,4 %
Schleswig-Holstein	7,4 %
Sarre	7,5 %
Nacional	**7,7 %**
Hamburgo	8,1 %
Renania del Norte-Westfalia	8,7 %
Turingia	10,0 %
Brandeburgo	11,1 %
Bremen	12,1 %
Sajonia	12,1 %
Mecklemburgo-Pomerania Occidental	12,3 %
Sajonia-Anhalt	12,8 %
Berlín	13,6 %

Fuente de los datos: Bundesagentur für Arbeit, Mai 2010

PASO 2 **8** **Lee otra vez el texto de la página 149 del libro del curso. Después escribe una carta de Jaqueline Velarde a su abuela en Perú. Imagina qué está pasando en su vida y qué planes tiene para el futuro.**

→ Kreatives Schreiben, S. 195

11

PASO 3 **9** **a) Mira y compara los tres carteles de la campaña «¡Sonríe!, estás en España» en tu cuaderno (ve también la p. 151 del libro del curso). ¿Qué se ve? ¿Qué similitudes y diferencias hay?**

→ Ein Bild beschreiben, S. 186

b) Escribe un texto donde explicas a qué personas se dirige cada uno de los carteles en tu opinión. Da razones.

10 ▶ ***VOCABULARIO*** **| Lee las páginas 144–145 del libro del curso. Luego escribe las palabras de manera correcta y completa los textos.**

tinodes · bladapo · sata de ropa · movilísticaauto · vertirsecon · tarcon · blaciónpo · nitahabtes · cabus de en · versidaddi · portaciónex · ropuaE · capes · rasduver · ristastu tranjerosex · ciasgra a · céuticafarma · cari · graciónemi · dustriain sadape · vernadeinros · noreme · siertode

Galicia

Cuando la economía de Galicia no era tan buena como hoy, muchos ______________________ de Galicia se fueron a otros países de ______________________.

En los siglos pasados la ______________________ fue la única posibilidad para muchos gallegos, que se fueron ____________ ______________________ ____________ una vida mejor.

Hoy Galicia sigue viviendo de la ______________________, pero también puede ________________ con la ______________________ de coches.

El País Vasco

El centro de la ________________ ______________________ española se encuentra en la comunidad autónoma menos ______________________ de España.

Con un 10,5 por ciento de paro, el País Vasco tiene la ______________________ ____________ ______________________ más baja de España.

Andalucía

Andalucía es la región con más ______________________ de toda España.

La ______________________ de frutas y ____________________ es ______________________.

Los ______________________ de Andalucía gastan tanta agua que la mitad de España puede ______________________ en un ______________________.

Cataluña

El ______________________ favorito de la mayoría de los ______________________ ______________________ es Cataluña.

______________________ ____________ la industria textil, ______________________ y ______________________________ Cataluña es una región bastante ____________________.

G 73 **11** ▶ **DER *SUBJUNTIVO* NACH KONJUNKTIONEN UND IN WÜNSCHSÄTZEN** ○ | **a) Completa las frases con *para que*, *a no ser que*, *sin que*, *ojalá que*, *antes de que* y *en el caso de que*.**

1. Los nietos del fundador van a ir hoy a ver la producción, ______________________ tengan que hablar primero con el jefe de Relaciones Públicas.
2. Es importante que los gerentes generales trabajen algunos años en otros países ______________________ adquieran experiencia.
3. ¡______________________ la demanda de turrón crezca ______________________ los Martínez abran otra fábrica en la Comunidad Valenciana!
4. ______________________ quieras comer un turrón clásico, tienes que comprar un turrón de almendras.
5. Turrón Martínez S.L. va a tener que importar el azúcar de Cuba, ______________________ el precio del azúcar baje en España.
6. ______________________ la demanda de turrón siga creciendo, van a tener que abrir otra fábrica.
7. Se intenta comprar las materias primas en España ______________________ la empresa las importe.
8. No pueden vender los turrones a buenos precios ______________________ importen a veces algunas materias primas de otros países.

b) Haz una frase con cada de las locuciones de arriba en tu cuaderno.

G 73 **12** ▶ **DER *SUBJUNTIVO* NACH KONJUNKTIONEN** ○ | **Relaciona y termina las frases.**

- la *ver*.
- mis padres *volver* de las vacaciones.
- pronto *encontrar* algo nuevo.
- *sacar* una buena nota.
- ella *darse* cuenta. Es una sorpresa.
- me *decir* tu opinión y me *dar* un consejo.
- mi madre me lo *pedir*.

1. ¿Vas a recoger a tu hermano del instituto? – No, a no ser que ______________________.
2. Hoy tengo un examen. – Ojalá que ______________________.
3. ¿Por qué me lo has contado? – Para que ______________________.
4. ¿Puedes decírselo a María? – Sí, en el caso de que ______________________.
5. Me han despedido. – Ojalá que ______________________
6. ¿Cuándo vamos a hacer la fiesta en tu casa? – Antes de que ______________________. ▶

11

7. ¿De verdad estás planificando un viaje con tu abuela? – Sí, pero sin que ______________________________

____.

G/73 **13** ▸ **DER *SUBJUNTIVO* NACH KONJUNKTIONEN | Completa las frases con las preposiciones *para*, *antes de* y *sin* o con las conjunciones *para que*, *antes de que* y *sin que*.**

1. Encontré la fábrica ______________________ saber el camino.
2. ______________________ te vayas quiero mostrarte nuestro nuevo departamento.
3. No te va a entender ______________________ le expliques tus razones.
4. Han abierto una fábrica en Elche ______________________ mejorar la producción.
5. ______________________ trabajar en la empresa, los gerentes han adquirido experiencia en el extranjero.
6. ______________________ la fábrica siga teniendo éxito, el turrón tiene que seguir siendo de calidad.

G/74 **14** ▸ **DER *SUBJUNTIVO* IM RELATIVSATZ | Contesta las preguntas.**

decir	*querer*	*tener* tiempo	*gustar*	*haber* sitio[1]

1. ¿Dónde puedo dejar el vaso? – Donde ______________________________.
2. ¿Qué tengo que hacer ahora? – Haz lo que ______________________________.
3. ¿Qué ropa me pongo para la reunión mañana? Ponte lo que te ______________________________.
4. ¿Te ayudo ahora o más tarde? – Cuando ______________________________.
5. ¿Dónde quedamos mañana? – Donde tú ______________________________.

1 **haber sitio** Platz sein/geben

G/74 **15** ▸ **DER *SUBJUNTIVO* IM RELATIVSATZ | Completa las frases y pon los verbos en subjuntivo o indicativo.**

les *ofrecer*[1] una vida con futuro en España		*haber* guerras y donde la gente *pasar* hambre
les *gustar*	*poder* hacer sin hablar español	*tener* que hacer para ganar dinero

1. Muchos inmigrantes esperan encontrar trabajos que ______________________________

____.

2. Muchos inmigrantes que no saben la lengua española buscan trabajos que ______________________________

____.

3. La mayoría de los inmigrantes hacen lo que ______________________________

____.

4. Desgraciadamente muchos inmigrantes se encuentran en situaciones que no ______________________________

____.

5. Algunos inmigrantes vienen de países donde ______________________________

____.

1 **ofrecer, ofrezco** (an)bieten

G/75 **16** ▸ **KONJUNKTIONEN MIT INDIKATIV UND *SUBJUNTIVO* ● | Completa las frases con el presente de subjuntivo o con una forma del indicativo (presente o pasado).**

1. Cuando ______________________ (llegar / tú), empezamos con la presentación.
2. Siempre es lo mismo. Cuando ______________________ (venir / vosotros), tenemos que discutir todos los detalles otra vez.
3. Cuando Carlos ______________________ (volver), nos vamos de vacaciones.
4. Cuando ______________________ (irse / tú), te vamos a echar de menos en la oficina.
5. Los gerentes siempre se reúnen cuando ______________________ (tener) nuevos datos.
6. Hasta que no ______________________ (aprender / tú) más español no vas a poder trabajar aquí.
7. Hasta que la campaña no ______________________ (tener) éxito no ganaron mucho dinero.
8. No voy a irme de vacaciones hasta que ______________________ (haber) terminado la campaña.
9. Aunque el Instituto de Turismo ______________________ (gastar) más dinero en la campaña, no van a viajar a España más turistas que en los últimos años.
10. A Rafael le gusta su trabajo aunque no ______________________ (ganar) mucho.
11. Aunque allí ______________________ (hacer) sol casi todos los días, siempre hay gente que prefiere otros destinos.
12. Mientras no ______________________ (estudiar) más para el instituto, no vas a sacar buenas notas.
13. No te vayas antes de que yo ______________________ (llegar).
14. Mientras ______________________ (hacer) tanto calor en La Mancha, prefiero no viajar allí.
15. Como no ______________________ (pagar / ustedes) pronto la factura, no vamos a seguir trabajando para su empresa.
16. Como la campaña ______________________ (dirigirse) a muchas personas diferentes, necesitan hacer varios carteles.
17. Siempre que ______________________ (ir / yo) a Asturias, lo paso muy bien.
18. Natalia pasa algunos días en el campo siempre que ______________________ (tener) tiempo.
19. Siempre que España ______________________ (seguir) siendo un destino favorito en el extranjero, muchos españoles van a poder vivir bien del turismo.
20. Las vacaciones van a ser fantásticas siempre que no ______________________ (llover).

G/73 **17** ▸ **DER *SUBJUNTIVO* NACH KONJUNKTIONEN ● | Termine las frases.**

1. Te ayudo para que ____.
2. No te vayas antes de que ____.
3. Las vacaciones van a ser fantásticas a no ser que ______________________________.
4. ¡Ojalá que ____.
5. Voy a la fiesta a no ser que ____.

11

AUTOCONTROL

G 73

1 **Completa las frases con las conjunciones *para que*, *a no ser que*, *ojalá que*, *antes de que*, *en el caso de que*, *hasta que*, *cuando*, *mientras* y *aunque*. A veces hay más de una solución correcta.**

1. Jaqueline Verlarde trabaja mucho ______________________ su abuela tenga los medicamentos necesarios.
2. ¡______________________ el sur de España no se convierta en un desierto!
3. La campaña no va a poder tener éxito ______________________ se dirija al mercado internacional.
4. ______________________ sepamos más detalles, nos vamos a reunir otra vez.
5. ______________________ esta idea te entusiasme demasiado, tenemos que mirar los detalles negativos también.
6. ______________________ no tengamos los nuevos datos hasta la próxima reunión, vamos a seguir con esta campaña.
7. Yo voy a seguir trabajando para esta empresa ______________________ me despidan.
8. ______________________ Carolina García sea la gerente de la empresa, va a hacer algunos cambios.
9. ______________________ esa sea una empresa familiar, José y Carmen Martínez van a ser los gerentes.
10. ¡______________________ Jaqueline encuentre trabajo en un hospital español!
11. ______________________ sólo gana 900 € al mes, Jaqueline paga los medicamentos de su abuela.

G 74

2 **Completa las frases poniendo los verbos en indicativo o en subjuntivo.**

1. Quiero escuchar una canción que ______________________ (ser) moderna.
2. Con la información que ______________________ (tener/tú), ahora puedes tomar una decisión.
3. Busco un libro para niños de cinco años que ______________________ (costar) menos de 10 euros.
4. Pablo necesita una mujer que le ______________________ (apoyar) siempre.
5. «Clara, eso no me importa, haz lo que ______________________ (querer/tú).»
6. Con el dinero que ______________________ (ahorrar/nosotros), queremos viajar.
7. Julia quiere regalarle a su novio un cedé que le ______________________ (gustar).
8. Mercedes sólo escucha las canciones que ______________________ (poner) en la radio.
9. Ahora busco un trabajo que me ______________________ (hacer) feliz.
10. Carmen espera encontrar una habitación en un hotel que ______________________ (estar) en el centro de la ciudad.
11. Siempre vamos al cine donde ______________________ (trabajar) mi amigo.
12. Victoria nunca hace lo que ______________________ (decir) sus padres.

UNIDAD 12

AMÉRICA LATINA

COMPRENSIÓN AUDITIVA

VAMOS **1** 33 ● | **Escucha el spot de radio sobre la Isla de Margarita y termina las frases con la información correcta. A veces más de una información es correcta.**

1. La isla pertenece a[1] ☐ Colombia. ☐ Venezuela. ☐ Costa Rica.
2. La Isla de Margarita se encuentra en el mar
   ☐ Pacífico. ☐ Atlántico. ☐ Caribe.
3. La isla cuenta con ___ kilómetros de playas bonitas.
4. La temperatura media anual es de ☐ 23 ☐ 26 ☐ 27 grados.
5. En la isla se practica ☐ el windsurf. ☐ el rafting. ☐ el esnórquel.
6. Cerca de la Isla de Margarita hay otra isla que se llama
   ☐ Isla del Coco. ☐ Isla de Coche. ☐ Isla de Corvo.
7. Hay también un museo ☐ histórico. ☐ del mar. ☐ del arte.
8. En la isla puedes también
   ☐ montar a caballo. ☐ nadar con delfines. ☐ subir a un volcán.
9. La Isla de Margarita
   ☐ no tiene aeropuerto. ☐ tiene aeropuerto nacional. ☐ tiene aeropuerto internacional.

1 **pertenecer a** gehören zu

VAMOS **2** 34 ○ | **Escucha el spot de radio sobre la Comunidad Andina (CAN) y marca si la información es correcta (c) o falsa (f). Después corrige las frases falsas.**

COMUNIDAD ANDINA
SECRETARIA GENERAL

	c	f
1. Colombia, Ecuador, Bolivia y Paraguay forman la CAN.	☐	☐
2. La CAN es una zona de libre comercio.	☐	☐
3. El comercio entre los países de la CAN sobrepasa[1] los 5.500 millones de dólares.	☐	☐
4. Desde que existe la CAN, hay mucho más comercio entre estos países.	☐	☐
5. En 1993 se creó la zona andina de agricultura ecológica.	☐	☐
6. Desde entonces, se han creado 600.000 puestos de trabajo.	☐	☐

____

____

____

____

1 **sobrepasar** übersteigen

COMPRENSIÓN LECTORA

VAMOS **3** **a) Mira sólo el logo (⬭) y la foto de la página web. ¿Cuál piensas que es el tema de la página?**

____

b) Ahora lee el texto de forma rápida. Fíjate[1] en el título y en las partes del texto que están en negrita[2]. Después explica en alemán cuál es el mensaje principal[3] de la página web.

→ Texte über Schlüsselbegriffe erschließen, S. 185

→ Das zweisprachige Wörterbuch benutzen, S. 197

____

____

____

1 **fijarse en** auf etwas achten, sich auf etwas konzentrieren 2 **en negrita** in Fettschrift 3 **el mensaje principal** die Hauptbotschaft

Español English Français Italiano Deutsch Português 中文 한국의 日本語 русский

PRO MÉXICO
Inversión y Comercio

Chat Mapa Contacto

Oficinas En México En el mundo

Buscar

Acerca de ProMéxico | Comercio | Inversión | Servicios y Eventos | Información

Mapa de inversión en México | **México como oportunidad** | Guía para invertir en México | Industrias estratégicas ProMéxico | Servicios para el inversionista

Inversión / México como oportunidad

- Ubicación geográfica
- Demografía
- Biodiversidad
- Madurez política
- Estabilidad macroeconómica
- Clima de negocios
- Infraestructura logística
- Programa nacional de infraestructura

MÉXICO COMO OPORTUNIDAD

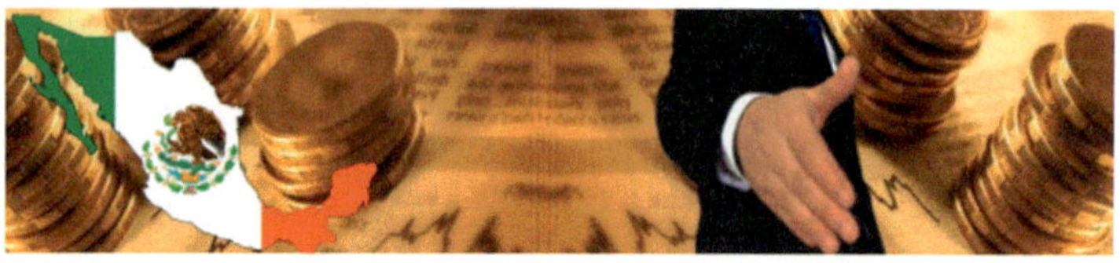

Es tiempo de invertir en México. Nuestro territorio goza de una posición geográfica estratégica, gran riqueza natural y la ventaja de ser un país de jóvenes. Esto, aunado a la pluralidad de sus sectores industriales, sólidas relaciones comerciales internacionales, estabilidad económica y financiera, así como una notable madurez política, lo consolida como uno de los mejores destinos para la inversión internacional.

Según un estudio elaborado por la consultora AlixPartners, **México es el país con menores costos para la manufactura de componentes industriales entre las principales potencias emergentes** (Brasil, China e India) gracias a que posee una atractiva tasa de cambio frente al dólar, costos de transportación relativamente bajos y un gran número de Tratados de Libre Comercio. Asimismo, un estudio publicado por el International Institute for National Development reveló que **México subió 4 puntos de competitividad en el informe mundial World Competitiveness Scoreboard, en el que pasó del lugar 50 al 46**, con lo que superó a países como Turquía, Italia y Rusia.

● | **c) Kreuze an, zu welchen weiteren Themen es auf der Webseite Links gibt. Markiere die Stellen auf der Seite.**

- ☐ Handel
- ☐ Freihandelsabkommen
- ☐ Kontakt
- ☐ mexikanisches Bankensystem
- ☐ logistische Infrastruktur
- ☐ Anleitung zum Investieren in Mexiko
- ☐ Partnerorganisationen
- ☐ Services für Investoren
- ☐ ProMéxico-Büros weltweit

PASO 1 **4** **a) Lee la entrevista con Sandra Cisneros, una escritora chicana.**

Sandra Cisneros escribe para tender puentes[1].

NUEVA YORK. Sandra Cisneros (*Chicago, 1954) es una de las grandes voces de la nueva narrativa chicana, saludada por la crítica estadounidense como una escritora «absolutamente esencial» tras el éxito de *La casa en Mango Street* (1994), con 3 millones de copias vendidas en Estados Unidos. Esta semana publica en México su último trabajo, *Caramelo*, con una mezcla de «miedo y escepticismo» ante la acogida[2] de esta novela sobre una familia mexicano-estadounidense. [...]

¿Qué esperas de tu publicación en México?

Sinceramente, no tengo muchas esperanzas porque en México lee muy poca gente. Si fuera una telenovela la cosa cambiaría, pero un libro que critica, entre otras cosas, la manera en la que los mexicanos tratan a los indios y a la clase obrera... [...]

***Caramelo* cuenta el viaje de ida y vuelta de una familia de inmigrantes mexicanos entre Chicago y ciudad de México. ¿Cómo recuerdas los viajes de tu infancia?**

Como un viaje sin fin, pero en realidad sólo lo notaba en mi cuerpo. Cuando cruzábamos la frontera todo cambiaba: los olores, los sabores, la luz, el sonido de los zapatos contra el asfalto...

¿Y cómo te sientes ahora en México?

Este libro me ha tenido apartada[3] de México los últimos siete años, pero me encanta ir, aunque los chicanos tenemos una extraña[4] relación porque nos ven como a extranjeros. Con los gringos[5] son más pacientes y generosos. A nosotros nos tratan como si fuéramos los primos pobres.

¿Qué has aprendido de esa mezcla con la que creciste?

Vivo en una eterna contradicción, por eso habito en la frontera. Todos somos hijos de un padre y una madre, amamos a los dos y nos sentimos parte de cada uno de ellos. Lo mismo ocurre con los países y por eso me gusta vivir en Texas, donde escucho y hablo tanto el inglés como el español.

¿Qué tienes de mexicana y qué de estadounidense?

De mexicana, que soy muy apasionada y celosa. Hoy mismo estreno una camiseta de Thalía que dice «Aléjate de mi hombre», y lo más curioso es que en la etiqueta se puede leer «fabricado en México con materiales de Estados Unidos». Es como yo, pero al contrario: fabricada en USA con componentes mexicanos. En cuanto a mi herencia[6] estadounidense, soy muy franca y hago lo que me da la gana. Nunca presto atención al «qué dirán» que tanto preocupa en México.

Pero fuiste educada a la mexicana.

Sí, y siempre peleé con mi padre. Primero por buscarme un departamento[7] sola cuando mis seis hermanos seguían en casa. Luego por viajar a Europa y mudarme a Texas, siempre nómada, como una gitana. Más tarde por no querer casarme... Luché para que mi padre me entendiera y al final lo hizo de la única forma que sabía, cuando me dieron los 255.000 dólares del premio de la Fundación MacArthur en 1995. Entonces me dijo «mi hija, no te vayas a casar que te quitan el dinero». [...]

Creciste en un barrio pobre y ahora eres una escritora de éxito. ¿Cómo vives esta diferencia de clases?

La última vez que visité Chicago, la editorial me reservó habitación en el piso 28 de un lujoso hotel con vistas al lago. Desde allí veía el metro que yo misma tomaba hace años y que siguen tomando miles de inmigrantes. Eso me duele, porque los que limpian el hotel son mi familia, podrían ser mis padres.

Mi antiguo barrio está ahora lleno de elegantes pisos para los blancos, mientras los pobres se han tenido que mudar lejos del centro y viajar cada día para servir a la comunidad adinerada. El alcalde sólo mira por los ricos. ¿Por qué no ayudan? Vivo en el país más poderoso, pero en Texas matan a más prisioneros que en cualquier estado del mundo árabe. Los políticos construyen cárceles para llenarlas de negros e hispanos, para olvidarse del problema. No se preocupan por educar a nuestros hijos porque no son sus hijos. A los prietitos[8] nos miran como al gran enemigo. Por eso vivo en la frontera, para denunciar. Necesitamos gente que no tenga miedo.

¿Por eso escribes?

Sí, para servir a mi comunidad, que son las mujeres cuando viví en Bosnia, los norafricanos cuando estuve en el sur de Francia, los inmigrantes que luchan por sus derechos en Estados Unidos. Siempre escribo por los más débiles. Para tender puentes en lugar de levantar muros en la frontera. [...]

© El Universal, 2003 (texto abreviado)

1 **tender puentes** Brücken schlagen 2 **la acogida** *hier:* Aufnahme, Rezeption 3 **apartar** trennen 4 **extraño/-a** *hier:* seltsam
5 **el/la gringo/-a** US-Amerikaner (auch abwertend) 6 **la herencia** Erbe, Einfluss, Prägung 7 **el departamento** (*mex.*) Wohnung
8 **el/la prietito/-a** (*mex.*) Dunkelhäutige/r

b) ¿De qué temas hablan en la entrevista? Marca las casillas correctas (x).

→ Globales Leseverstehen, S. 184

- ____ ☐ los problemas de sus hermanos
- ____ ☐ sus motivos para escribir
- ____ ☐ la vida como chicana
- ____ ☐ su vida en México
- ____ ☐ sus viajes a México
- ____ ☐ la influencia de su madre
- ____ ☐ su último libro
- ____ ☐ la relación entre los chicanos y los estadounidenses
- ____ ☐ la relación entre los mexicanos y los estadounidenses
- ____ ☐ la relación entre los chicanos y los mexicanos

c) ¿En qué orden aparecen los temas en el texto? Escribe los números al lado de las casillas.

d) Haz una tabla de lo que llegas a saber sobre Sandra Cisneros en tu cuaderno.

familia	**¿Dónde vive/vivía?**	**escritora**
– seis hermanos	– antes vivía en Chicago	– *La Casa en Mango Street* (1994): 3 millones de copias vendidas

carácter	**opiniones**	**más cosas**
– apasionada	– No le gusta cómo los mexicanos tratan a los indios.	– habla español

e) Caracteriza a Sandra Cisneros en tu cuaderno. Utiliza también la información de tu tabla.

→ Eine Personenbeschreibung verfassen, S. 191

● | f) Explica y comenta estas palabras de Sandra Cisernos: «Vivo en una eterna contradicción.» (l. 34)

→ Eine persönliche Stellungnahme verfassen, S. 192

EXPRESIÓN ORAL

PASO 3 **5** **Estás charlando con un/a amigo/-a español/a que ha venido a visitarte en Alemania. Haced el tandém.**

tú	tu amigo/-a
Du sagst deinem/deiner Freund/in, dass du in den nächsten Ferien nach Lateinamerika reisen willst.	Quiero viajar a América Latina en las próximas vacaciones.
¡Qué interesante! Pero América Latina es muy grande. ¿Adónde quieres viajar?	Das findest du sehr interessant. Aber Lateinamerika ist sehr groß. Du fragst deine/n Freund/in, wohin er/sie reisen will.
Du willst zum Cono Sur reisen.	(Quiero viajar) Al Cono Sur.
¿Qué es el Cono Sur?	Du fragst, was der Cono Sur ist.
Du sagst, aus welchen Ländern der Cono Sur besteht. Du sagst, dass ein Freund von dir gerade einen Schüleraustausch in Buenos Aires macht und dass du ihn besuchen willst.	El Cono Sur está formado por Argentina, Chile y Uruguay. Tengo un amigo que está haciendo un intercambio escolar en Buenos Aires y lo quiero visitar.
¡Es una buena oportunidad! A mí también me gustaría viajar a América Latina.	Du findest, dass das eine gute Möglichkeit ist. Du würdest auch gerne nach Lateinamerika reisen.
Du fragst, warum er/sie das nicht macht.	¿Y por qué no lo haces?
Porque no tengo dinero. Pero si pudiera, viajaría a América Central. Y después iría a alguna isla del Caribe. Pasaría todo el día en la playa y por la noche bailaría salsa y merengue en las fiestas.	Weil du kein Geld hast. Aber wenn du könntest, würdest du nach Zentralamerika reisen. Und danach würdest du auf irgendeine Karibikinsel fahren. Dort würdest du den ganzen Tag am Strand verbringen und nachts auf Partys Salsa und Merengue tanzen.
Du denkst, dass die Karibik bestimmt sehr schön ist. Du würdest auch gerne dorthin fahren.	Sí, seguro que el Caribe es muy bonito. A mí también me gustaría ir allí.
Bueno, lo mejor sería hacer un viaje por toda América Latina, ¿no? Hay muchas regiones interesantes y seguro que son todas muy diferentes.	Du meinst, dass eigentlich eine Reise durch ganz Lateinamerika das Beste wäre. Es gibt so viele interessante Regionen und bestimmt sind alle ganz unterschiedlich.
Du gibst deinem/deiner Freund/in Recht. Du fügst hinzu, dass man in den meisten Ländern Spanisch spricht. Wenn man Spanisch kann, kann man vom Cono Sur bis nach Mexiko reisen und wird nie Sprachprobleme haben.	Tienes razón. Y en la mayoría de los países se habla español. Si sabes (hablar) español, puedes viajar del Cono Sur hasta México y nunca vas a tener problemas con el idioma / la lengua.
Creo que incluso podrías viajar más al norte, ya que hay tantos latinos en Estados Unidos. Sobre todo en el sur, en Texas, Arizona, Nueva México y California.	Du glaubst, dass man sogar noch weiter nach Norden reisen könnte, da ja so viele Latinos in den USA leben. Vor allem im Süden, in Texas, Arizona, New Mexico und Kalifornien.
Du sagst, dass es auch in Florida und New York sehr viele Spanischsprechende gibt. Du hast gelesen, dass mehr als 45 Millionen Latinos in den USA leben.	También hay muchos hispanohablantes en Florida y en Nueva York. He leído que más de 45 millones de latinos viven en Estados Unidos.

EXPRESIÓN ESCRITA

PASO 1 **6** **Cecilia Alvear nació en Ecuador y trabaja de periodista en los EE.UU. Comenta en tu cuaderno su opinión sobre el dilema del bilingüismo que afecta a los jóvenes latinos que viven en California.**

→ Eine persönliche Stellungnahme verfassen, S. 192

«Hay casos de personas que no hablan o no escriben bien ninguno de los dos idiomas. Muy pocas personas que se crían[1] acá[2] conservan[3] el español bien. Es un español de casa, y luego el inglés es más o menos.»

«En los pocos casos en que está bien ejecutado[4], compruebo[5] que [la enseñanza de los dos idiomas] es una buena idea; al mismo tiempo que hay que evitar[6] que los niños pierdan el español, también hay que asegurarse[7] de que aprendan bien el inglés.»

1 **criarse** aufwachsen 2 **acá** hier (in Kalifornien) 3 **conservar** (bei-)behalten, *hier:* beherrschen 4 **ejecutar** durchführen 5 **comprobar** (o → ue) bestätigen 6 **evitar** vermeiden 7 **asegurarse** sich versichern

PASO 3 **7** **a) Resume el artículo de la página 163 del libro del curso.**

→ Eine Zusammenfassung schreiben, S. 191

● | **b) Analiza cómo el autor conmueve[1] al lector[2] y escribe la parte central del análisis en tu cuaderno.**

hipótesis	Describiendo la situación de algunos niños de la calle en Buenos Aires el periodista Rafael Martínez quiere lograr[3] que el lector sienta compasión[4] por los niños.	
análisis	(el autor/periodista)	describe / explica presenta a X expone[5]/enumera[6] subraya[7] califica la situación de X negativa/positiva/____ se solidariza con X se refiere[8] a un caso/ejemplo concreto pregunta ____
conclusión	Gracias a la descripción del autor, el lector siente compasión por los niños de la calle y algunos lectores quizás piensen que tienen que hacer algo contra el trabajo infantil en Latinoamérica/Argentina.	

1 **conmover** (o → ue) bewegen, (an-)rühren 2 **el lector** Leser 3 **lograr** erreichen 4 **la compasión** Mitgefühl 5 **exponer** darlegen 6 **enumerar** aufzählen 7 **subrayar** unterstreichen, betonen 8 **referirse a** (e → ie) sich beziehen auf

● | **c) Después de hacer un viaje a Buenos Aires quieres informar a los jóvenes de tu instituto sobre la situación de los niños de la calle. Escribe un artículo para el periódico escolar en el que explicas y comentas la situación de Juan, Ignacio, Martín, Mariano y Mauricio.**

es/era horrible que — (no) me gusta/gustó que — me parece/pareció increíble/injusto que — es un gran problema que — me pone/puso triste — (no) creo/pienso que — está mal/bien que — siento/sentí que — es importante/bueno/malo/necesario que — tengo miedo de que

8 ▶ ***VOCABULARIO*** **| ¿Qué sabes de América Latina? Haz el crucigrama. Busca en Internet la información que te falte.**

1. Las montañas más altas son los
2. Bogotá es la capital de
3. El país con más hispanohablantes es
4. Está en el Caribe y pertenece a los EE.UU.
5. Una cultura indígena:
6. La antigua capital de los incas es
7. La capital de Venezuela es

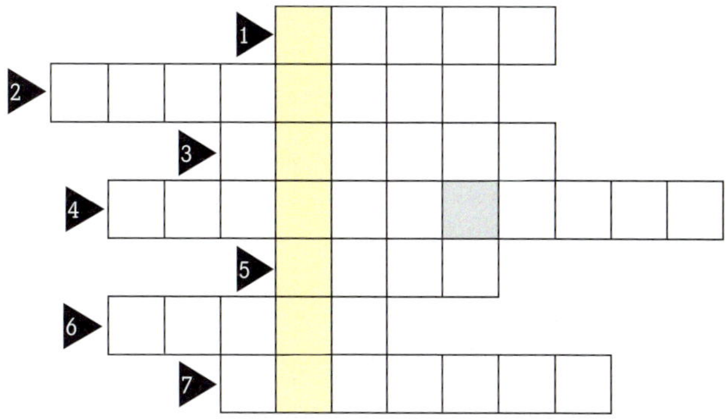

8. Montevideo y Buenos Aires están en el
9. Un canal muy importante pasa por
10. La capital de Honduras es
11. Muchos cubanos viven en
12. A los estadounidenses de origen mexicano se los llama
13. América Central exporta mucho

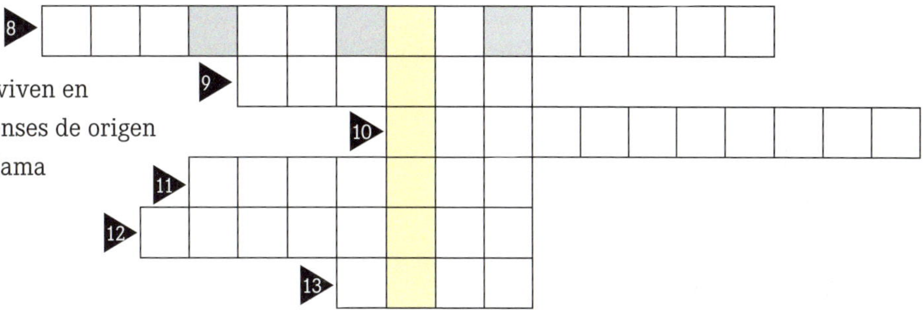

G/76 **9** ▶ ***CONDICIONAL*** **| a) Imagina cómo podría ser y termina las frases.**

1. En una ciudad sin coches iríamos todos en metro o en bicicleta.
2. Vivir en una ciudad del Caribe ___
3. Viajar por América Latina ___
4. En un mundo sin fronteras ___
5. Vivir en un país donde siempre es invierno ___
6. Vivir en un mundo sin pobreza ___
7. No tener nunca exámenes ___
8. En un instituto sin notas ___
9. Vivir en un piso con amigos ___
10. Ir todos los sábados a discotecas ___

b) Inventa tres frases más y utiliza el condicional.

___

___

___

___

___

12

G/77 **10** ▸ ***IMPERFECTO DE SUBJUNTIVO* | Juan, un chico de Salamanca, visitó a sus tíos en Buenos Aires y vio cosas que le parecían mal. Expresa los sentimientos y opiniones de Juan y transforma las frases como en el ejemplo.**

1. Muchos niños no iban a la escuela.

   Juan no pensaba que muchos niños no fueran a la escuela.

2. Algunos niños vivían en la calle.

   A Juan le puso triste que ______

3. Otros se drogaban.

   No le gustó ver que ______

4. Muchos niños pedían dinero o comida en la calle.

   No pensaba que ______

   ______

5. A veces los vecinos no se daban cuenta de la pobreza de los niños.

   A Juan le pareció horrible que ______

   ______

G/78 **11** ▸ **DER IRREALE BEDINGUNGSSATZ DER GEGENWART | a) Completa las frases con la forma correcta de los verbos.**

1. Si ______ (ir / tú) al Caribe, ______ (ver / tú) playas muy bonitas.
2. Si en el Caribe no ______ (haber) playas tan bonitas, muchos turistas no ______ (ir) allí.
3. Si todos los niños ______ (ir) a la escuela en su país, ______ (tener) más oportunidades y no ______ (deber) emigrar después.
4. Si los vecinos ______ (saber) lo que les pasa a los niños, tal vez les ______ (ayudar).
5. Si el Gobierno ______ (ocuparse) de los niños sin padres, ellos no ______ (vivir) en la calle.
6. Si los niños no ______ (vivir) en la calle, ______ (poder) tener un futuro mejor.
7. Si ese país ______ (ser) tranquilo, más turistas ______ (pasar) sus vacaciones allí.
8. Si ______ (llegar) más turistas al país, más gente ______ (poder) vivir del turismo.

G 78

b) Completa el diálogo entre Maria y Andrés con las formas correctas de los verbos.

María: ¿Qué ________________ (hacer) tú si ________________ (tener) más tiempo libre?

Andrés: Si yo ________________ (tener) más tiempo, ________________ (pasar) varios meses en Latinoamérica. Yo ________________ (viajar) por los países del Cono Sur. ________________ (visitar) Buenos Aires, las Cataratas del Iguazú, y la Pampa.

María: Pues, si yo ________________ (tener) tiempo y dinero, ________________ (hacer) un viaje por los países andinos. Me interesa mucho Perú, Machu Pichu.

Andrés: Yo tengo más sueños. Si, ________________ (ganar) mucho dinero, ________________ (comprar) una casa de campo en la Pampa. Turistas de Europa ________________ (poder) dormir en esta casa y yo también ________________ (vivir) allí.

María: Pues si yo ________________ (ser) rica, ________________ (ayudar) a los niños que viven en la calle.

G 79

12 ▸ ***CUYO/-A*** **| La vida de Eva Perón. Transforma las frases sustituyendo las expresiones marcadas por el pronombre relativo *cuyo/-a*.**

1. Evita Perón, de quien el nombre completo era María Eva Duarte de Perón, nació en Junín.

____

____

2. La joven Eva, el padre de quien murió cuando tenía seis años, vivió de niña en el campo.

____

____

3. A los quince años se fue a Buenos Aires, ciudad de la que el estilo la atraía mucho.

____

4. Después de conocer a Juan Domingo Perón, Eva, la vida de quien no duró mucho tiempo, se dedicó a la política.

____

____

5. Las mujeres y los pobres, de quienes Evita escuchaba los problemas, fueron importantes para ella.

____

____

12

12

AUTOCONTROL

G/76 **1** **Un futuro mejor para los emigrantes latinos. Completa las frases con la forma correcta de los siguientes verbos:** ***emigrar*, *poder*, *vivir*, *hacer*, *quedarse*, *ir*.**

1. Con más dinero, los latinos __________ mejor en los EE.UU.
2. Con más oportunidades en su país, muchos mexicanos no __________ a los EE.UU.
3. Con una buena formación profesional, muchos latinos __________ hacer una carrera.
4. – En lugar de quedaros a vivir en un país pobre, ¿qué __________ vosotros?
5. – Yo __________. ¿Y tú, __________ en México?

G/77 **2** **Pon en imperfecto de subjuntivo los verbos siguientes.**

1. hablar – yo __________
2. comer – ellos __________
3. vivir – vosotros __________
4. ser – él __________
5. tener – nosotros __________
6. estar – tú __________
7. ir – ella __________
8. quedarse – ellas __________
9. entender – vosotras __________
10. ducharse – vosotros __________

G/78 **3** **Completa las frases condicionales con las formas verbales correspondientes.**

Ejemplo: Si Michael viviera (vivir) en Madrid, podría (poder) ir los domingos a la Casa de Campo.

1. Si yo __________ (estar) ahora en la Plaza Mayor, __________ (tomar) un chocolate con churros.
2. Si __________ (hacer) menos frío, (yo) __________ (bañarse) en la piscina.
3. Si de verdad tú __________ (querer) ver arte moderno, __________ (ir) al Museo Reina Sofía.
4. Si Juan __________ (tener) dinero, __________ (comprar) un piso en el barrio de Salamanca de Madrid.
5. Si vosotros __________ (venir) a Madrid, __________ (poder) ir al Rastro.

G/79 **4** **Ergänze die jeweiligen Sätze mit** ***cuyo/-a*, *cuyos/-as*.**

1. Ayer vino a nuestra oficina un señor argentino __________ mujer es alemana.
2. Él vive en Alemania, __________ costumbres le gustan mucho.
3. Ese señor, __________ hijos estudian en Alemania, quiere volver a su país.
4. Quiere vivir en La Plata, __________ clima le va muy bien.
5. Pero siempre va a pensar en Alemania, __________ habitantes son muy simpáticos.

AUTOCONTROL-LÖSUNGEN

UNIDAD 1

1 el aeropuerto - el instituto - los bocadillos - la discoteca - el jamón - los chicos - la cafetería - la guitarra - las amigas - la flauta - los hoteles - la clase

2 **a)** 1. ¿Dónde estudian Pablo y Miguel? - 2. ¿Cómo se llama la hermana de Ana? - 3. ¿De dónde es Miguel? - 4. ¿Quién aprende alemán? - 5. ¿Qué escribe Laura en la plaza?

b) 1. Pablo y Miguel estudian en el instituto «Lope de Vega» de Madrid. - 2. La hermana de Ana se llama Teresa. - 3. Miguel es de México. - 4. Laura aprende alemán. - 5. Laura escribe un texto para la clase de alemán.

3 1. ø - 2. el - 3. las - 4. La - 5. un - 6. Los; una; la - 7. La - 8. un; un - 9. Los

UNIDAD 2

1 1. soy; eres; Soy - 2. está; Está; es - 3. están; Están - 4. hay; Es - 5. está - 6. Hay - 7. Eres; soy; está

2
Miguel: mi - mi
Pablo: Tu
Miguel: mi - su
Pablo: vuestra
Miguel: nuestra
Miguel: nuestro
Miguel: Mis
Pablo: sus
Miguel: sus

UNIDAD 3

1
1. El amigo de Laura se llama Pablo.
2. Pablo se levanta todos los días a las siete.
3. El padre de Pablo siempre se queja de su trabajo y a veces se queda en la oficina hasta las diez de la noche.
4. Pablo se lleva bien con su padre y los dos se quedan muchas veces en casa para charlar.
5. Los sábados Pablo se acuesta muy tarde.

2
Marta: Hola, Antonio, ¿qué tal? ¿adónde vas?
Antonio: Hola, Marta. Voy a casa de mi padre. ¿Y tú?
Marta: Inés y yo vamos al cine a las cuatro. Vienes con nosotras?
Antonio: No puedo. He quedado con Carlos.
Marta: Bueno, ¿por qué no venís entonces Carlos y tú?
Antonio: Vale, vamos los dos.

3
1. Primero Laura va a ducharse.
2. Luego ella y su padre van a preparar el desayuno.
3. Después Laura va a coger el autobús.
4. En la oficina va a escribir cartas comerciales.
5. Al mediodía Laura y sus compañeras de trabajo van a comer juntas.
6. Por la noche Laura, Ana y Miguel van a cenar juntos.

UNIDAD 4

1 nos - me gusta - le gusta - me - Te - me gusta - te - me - me gustan - te - te

2
1. Nosotros estamos escribiendo cartas.
2. Yo estoy estudiando inglés.
3. Los chicos están jugando al fútbol.
4. Ahora Miguel está haciendo los deberes.
5. ¿Y tú, qué estás leyendo?
6. La abuela está preparando la cena.
7. ¿Qué estáis haciendo vosotros?

3 Estáis - estoy - Estoy - Es - es - es - Es - es - es - son - Son - es - Es - estoy

UNIDAD 5

1 barato/-a ≠ caro/-a - volver ≠ ir - el día ≠ la noche - izquierda ≠ derecha - trabajar ≠ descansar - encontrar ≠ buscar - detrás de ≠ delante de - encima ≠ debajo

2
2. Las universidades de Salamanca y de Santiago de Compostela son las universidades más antiguas de España.
3. Picasso, Dalí y Miró son los pintores más famosos de España.
4. El País y El Mundo son los periódicos más importantes de España.
5. Atocha es la estación de metro más bonita de España.

3 1. delante de la catedral - 2. debajo de la ventana - 3. detrás de la cama - 4. encima de la lavadora - 5. al lado del armario - 6. entre la mesa y la silla

UNIDAD 6

1 1. viví - 2. visité - 3. estuvo - 4. hiciste - 5. encontró - 6. durmieron - 7. viajaron - 8. fuimos; vimos

2 1. porque - 2. Cuando - 3. aunque - 4. Aunque - porque - 5. aunque - 6. porque - 7. sin embargo - 8. Cuando/Como - 9. porque - 10. aunque

3 desde hace - desde hace - hace - desde

UNIDAD 7

1
1. No tiene ninguna idea.
2. Ningún alumno sabe hablar bien el español.
3. Sara no tiene ningún amigo.
4. No conozco a nadie de la fiesta.
5. Marco no sabe ninguna palabra de la unidad siete.

2 1. sabes; Puedes; puedo - 2. podemos; sabéis

3 2. ¡Escribid la postal! → ¡Escribidla! - 3. ¡Llama a Luis! → ¡Llámalo! - 4. ¡Pagad los cafés! → ¡Pagadlos! - 5. ¡Manda la carta ya! → ¡Mándala ya!

4
1. se hablan → 4 (el castellano, el catalán, el gallego, el vasco)
2. se estudia → 4 años
3. se paga → en Argentina, Chile, Colombia, Cuba, la República Dominicana, México, Uruguay, las Filipinas
4. se bailan → en toda América Latina (el centro del merengue es el Caribe) y en los Estados Unidos
5. se bebe → en Brasil, Paraguay, Uruguay, Argentina, Bolivia, Perú, Chile, Siria, Líbano, las Islas Canarias

UNIDAD 8

1 llegué - llovía - hacía - cambió - era - hacía - había - leía - escuchaba - estaba - llegó - vino - dijo - di - pudo

2
1. Cuando yo era joven, se veían pocos peregrinos por aquí...
2. Antes todas las personas que hacían el camino eran peregrinos. Caminaban por motivos religiosos...
3. Muchos vienen en bici o a caballo. Antes no existía esa posibilidad, todas las personas iban a pie.
4. Además, en aquel entonces sólo había un albergue y cuando estaba completo algunos peregrinos se quedaban a dormir en nuestra casa...

UNIDAD 9

1 1. hemos trabajado - 2. habéis entendido - 3. ha vuelto - 4. han dicho; han visto - 5. habéis demostrado - 6. han cumplido - 7. Habéis notado - 8. ha sorprendido - 9. nos hemos puesto - 10. ha muerto - 11. hemos viajado - 12. habéis sentido - 13. has contado; he visto

2 1. (Esta mañana) hemos leído - 2. hablaba - 3. trabajó (durante 25 años) - 4. (Desde 1998 hasta 2005) fue - 5. (En octubre de 2008) empezó - 6. (Poco después) llegó - 7. (Hasta hoy) han perdido - 8. (Ya) han vendido

UNIDAD 10

1 1. estudie - 2. trabajen - 3. se enferme - 4. ganar - 5. sean - 6. aprobar - 7 vengan - 8. separe - 9. viajar - 10. uséis

2 1. gaste - 2. utilicen - 3. se enferme - 4. tome; - 5. vivan - 6. pasen - 7. compre

3 sintáis - deseo - seáis - disfrutéis - esté - coma - deje - queremos

UNIDAD 11

1 1. para que - 2. Ojalá que - 3. a no ser que - 4. Cuando - 5. Antes de que - 6. Aunque - 7. hasta que - 8. En el caso de que - 9. Mientras - 10. Ojalá que - 11. Aunque

2 1. sea - 2. tienes - 3. cueste - 4. apoye - 5. quieras - 6. ahorremos - 7. guste - 8. ponen - 9. haga - 10. esté - 11. trabaja - 12. dicen

UNIDAD 12

1 1. vivirían - 2. emigrarían - 3. podrían - 4. haríais - 5. me iría, te quedarías

2 1. hablara - 2. comieran - 3. vivierais - 4. fuera - 5. tuviéramos - 6. estuvieras - 7. fuera - 8. se quedaran - 9. entendierais - 10. os ducharais

3 1. estuviera; tomaría - 2. hiciera; me bañaría - 3. quisieras; irías - 4. tuviera; compraría - 5. vinierais; podríais

4 1. cuya - 2. cuyas - 3. cuyos - 4. cuyo - 5. cuyos.

DICCIONARIO DE CULTURA Y CIVILIZACIÓN – LANDESKUNDLICHES WÖRTERBUCH

SPANIEN

Almodóvar, Pedro (geb. 1949)
Berühmter spanischer Drehbuchautor und Regisseur, Gewinner mehrerer Filmpreise in unterschiedlichen Kategorien. Almodóvar begann seine filmische Karriere als Untergrund-Künstler nach dem Ende der Franco-Diktatur. Werke wie *Mujeres al borde de un ataque de nervios*, *¡Átame!*, *Hable con ella* können als Klassiker der spanischen Filmgeschichte gelten und machten Almodóvar über die Grenzen Spaniens hinaus berühmt.

Andalucía ca. 8,3 Mio. Einwohner (Sevilla, 700 000)
Autonome Gemeinschaft im Süden Spaniens. Andalusien ist die südlichste Festlandregion Spaniens. Die Hauptstadt ist Sevilla, deren historisches Zentrum zu den größten Altstädten Europas zählt. Weitere historisch und kulturell bedeutende Städte sind Granada und Córdoba. Berühmt ist die Region u. a. durch die Flamenco-Musik. Andalusien hat eine 830 km lange Küste am Mittelmeer und Atlantischen Ozean und ist ein beliebtes Urlaubsziel von Kulturinteressierten und Strand-Urlaubern.

Bosé, Miguel (geb. 1956)
Aus Panama stammender Sänger und Schauspieler, der v. a. in Spanien und Lateinamerika bekannt ist. Er spielte u. a. in dem Film *Tacones lejanos* (dt. „High Heels") von Pedro Almodóvar mit.

Cataluña ca. 7,5 Mio. Einwohner (Barcelona, 1,7 Mio.)
Autonome Gemeinschaft im Nordosten Spaniens. Die Hauptstadt Kataloniens und zweitgrößte Stadt Spaniens ist das am Mittelmeer gelegene Barcelona. Die Stadt ist v. a. wegen ihrer kulturellen Attraktionen (z. B. die noch unfertige Basilika *La Sagrada Familia* und der Parque Güell des berühmten Architekten Antoni Gaudí) und wegen ihres Stadtbildes mit Altstadtviertel, Parks und Strand beliebt. Amtssprachen sind Spanisch und Katalanisch sowie im Arantal Aranesisch bzw. Okzitanisch.

Cervantes, Miguel de (1547–1616)
Nationaldichter Spaniens. Der aus verarmtem Adel stammende Cervantes kämpfte als Soldat in verschiedenen Schlachten, wobei er eine Hand verlor, wurde gefangen genommen und verbrachte fünf Jahre als Sklave in Algier. Da er hoch verschuldet war, arbeitete er nach seiner Freilassung u. a. als Steuereintreiber, kam jedoch wegen Veruntreuung von Staatsgeldern ins Gefängnis. Die Schriftstellerei, mit der er zu Vermögen zu kommen hoffte, blieb vorerst erfolglos. Erst durch sein 1605 veröffentlichtes Werk *El ingenioso hidalgo Don Quijote de la Mancha* (kurz Don Quijote oder el Quijote genannt) gelangte er schließlich zu Berühmtheit, verlor das Geld jedoch bald wieder und starb 1616 in Armut. Der Quijote handelt von einem Landadligen, der durch die Lektüre von Ritterromanen verrückt wird, sich selbst für einen Ritter hält und mit seinem „Schildknappen" Sancho Pansa auszieht, um das Unrecht zu bekämpfen. Eine berühmte Szene des Romans ist der Kampf Don Quijotes mit den Windmühlen, die er in seinem Wahn für Riesen hält.

Ceuta ca. 79 000 Einwohner
Autonome spanische Stadt und Exklave an der nordafrikanischen Küste, durch eine Landgrenze von Marokko getrennt. Die Amtssprache ist Spanisch. Aufgrund seiner Lage an der Straße von Gibraltar ist Ceuta das Ziel vieler afrikanischer Einwanderer, die versuchen, von dort aus nach Europa zu gelangen.

la Comunidad de Madrid ca. 6,3 Mio. Einwohner (Madrid, 3,3 Mio.)
Autonome Gemeinschaft in Zentralspanien, die den Ballungsraum der gleichnamigen Hauptstadt umfasst. Madrid ist seit 1561 Hauptstadt, größte Stadt Spaniens und eine der größten Metropolen Europas. Bekannt ist die Stadt v. a. für ihre kulturellen Attraktionen (z. B. *Museo del Prado*, *Palacio Real*), ihr vielseitiges Stadtbild (Altstadtviertel, Parks, Wolkenkratzer, Shoppingmeilen) und ihr pulsierendes Nachtleben. Einer der zentralen und lebendigsten Plätze der Stadt ist die *Puerta del Sol*, wo sich u. a. der Kilometer Null für alle Nationalstraßen Spaniens befindet. Die zweitgrößte Stadt der autonomen Gemeinschaft ist Móstoles, wo sich u. a. der Hauptcampus der Universidad Rey Juan Carlos befindet.

Cruz, Penélope (geb. 1974)
International bekannte spanische Schauspielerin. Sie spielte u. a. in den Filmen *Belle Epoque*, *Volver* (dt. „Zurückkehren“) und *Vicky, Cristina, Barcelona* mit und wurde mit verschiedenen Preisen ausgezeichnet (z. B. Oscar und Goya).

Dalí, Salvador (1904–1989)
Spanischer Maler, Grafiker und Bildhauer aus Katalonien. Er zählt zu den bekanntesten Malern des 20. Jahrhunderts und gilt als einer der Hauptvertreter des Surrealismus. Eines seiner berühmtesten Werke ist das Gemälde „Die Beständigkeit der Erinnerung“ (span. *La persistencia de la memoria*). Dalís Körper wurde nach seinem Tod einbalsamiert, um mindestens 300 Jahre überdauern zu können. Er ist in seinem Geburtsort Figueres unter der Glaskuppel des Teatre-Museu Dalí beigesetzt.

Franco, Francisco (1892–1975)
Spanischer General und Diktator, der das Land von 1939 bis zu seinem Tod im Jahr 1975 regierte. Unter Francos faschistischer Herrschaft wurden Konzentrationslager errichtet, politische Säuberungen durchgeführt und politische Gegner gefoltert und ermordet. Francos Ideologie bestand u. a. in der Errichtung eines Einheitsstaats, weswegen regionale Emanzipationsversuche (z. B. in Katalonien und im Baskenland) unterdrückt wurden und sogar die Verwendung der Regionalsprachen Katalanisch, Baskisch und Galicisch als antinationaler Akt galt und hart bestraft wurde.

Galicia (dt. Galicien) ca. 2,8 Mio. Einwohner (Santiago de Compostela, 94 400)
Autonome Gemeinschaft im Nordwesten Spaniens, die im Süden an Portugal grenzt. Amtssprachen sind Spanisch und Galicisch. Bekannt ist die Region v. a. für den Pilgerweg *Camino de Santiago* (dt. Jakobsweg), der seit dem 11. Jahrhundert besteht und heute einen der touristischen Reiseziele Spaniens darstellt. Seit 1993 gehört der spanische Teil des Jakobsweges zum Weltkulturerbe der UNESCO.

González, Felipe (geb. 1942)
Spanischer Politiker. Er war u. a. Generalsekretär der PSOE (1974–1997) und Regierungschef Spaniens (1982–1996). Er trat 1962 unter einem Tarnnamen in die damals illegale PSOE ein. 1972 wurde er wegen der Teilnahme an Protesten gegen Franco inhaftiert.

Juan Carlos I de España (geb. 1938)
Seit dem 22. November 1975 (nach dem Tod Francos) König von Spanien. Unter ihm wurde die Demokratie in Spanien eingeführt und das franquistische Regime beendet.

Melilla ca. 71 400 Einwohner
Autonome spanische Stadt und Exklave an der nordafrikanischen Küste, durch eine Landgrenze von Marokko getrennt. Die Amtssprache ist Spanisch. Um die illegale Einwanderung auf spanisches Territorium zu verhindern, ist die Grenze zu Marokko abgezäunt und schwer bewacht.

Miró, Joan (1893–1983)
Katalanischer Maler, Graphiker und Bildhauer. Er gilt als Vertreter der Klassischen Moderne, sein Werk ist vom Dadaismus und Surrealismus beeinflusst. Miró ist einer der populärsten spanischen Künstler des 20. Jahrhunderts.

País Vasco (baskisch: Euskadi; dt. Baskenland) ca. 2,2 Mio. Einwohner
Autonome Gemeinschaft im Norden Spaniens, am Kantabrischen Meer und an der Grenze zu Frankreich gelegen. Die Hauptstadt ist Vitoria, größer und bekannter sind jedoch die Städte San Sebastián und Bilbao. Die Amtssprachen sind Spanisch und Baskisch. Einen negativen Ruf erhält das Baskenland durch die baskische Untergrundorganisation ETA, die mit Terroranschlägen für die Unabhängigkeit des Baskenlandes kämpft.

Picasso, Pablo (1881–1973)
Aus Málaga in Andalusien stammender spanischer Maler, Grafiker und Bildhauer und einer der bedeutendsten Künstler des 20. Jahrhunderts. Eines seiner bekanntesten Werke ist das Gemälde Guernica, eine Verurteilung von Kriegsterror und Faschismus, das 1937 als Reaktion auf die Zerstörung der baskischen Stadt Guernica während des Spanischen Bürgerkriegs entstanden ist.

PP
Kurz für *Partido Popular* (dt. Volkspartei). Christlich-konservative spanische Partei. Die PP ist neben der PSOE die größte politische Partei Spaniens.

PSOE
Kurz für *Partido Socialista Obrero Español* (dt. Spanische Sozialistische Arbeiterpartei), gegründet 1879. Eine im politischen Feld links von der Mitte stehende Partei, die sich als sozialdemokratische Partei versteht. Während der Franco-Diktatur war die Partei verboten.

Rodríguez Zapatero, José Luis (geb. 1960)
Politiker der PSOE. Zapatero wurde nach den Wahlen im Jahr 2004 zum ersten Mal Ministerpräsident von Spanien, 2008 wurde er wiedergewählt. Zu den von ihm getroffenen Maßnahmen gehören die Einführung der gleichgeschlechtlichen Ehe in Spanien, die mehrfache Legalisierung des Aufenthaltsstatus vieler illegaler Einwanderer, die Aufnahme von Friedensverhandlungen mit der baskischen Terrororganisation ETA, die Stärkung der Autonomen Gemeinschaften und der Abzug der spanischen Truppen aus dem Irak. Im Allgemeinen zeichnet sich Zapatero v. a. durch eine sehr europaorientierte Politik aus.

Ruiz Zafón, Carlos (geb. 1964)
Aus Barcelona stammender Schriftsteller, Drehbuchautor und Journalist. Durch den 2001 erschienenen Roman *La sombra del viento* (dt. „Der Schatten des Windes") gelangte er zu großer internationaler Bekanntheit. Neben seinen Romanen gehören auch Jugendbücher zu seinem Werk, für das er bereits mit mehreren Literatur-Preisen ausgezeichnet wurde.

la Sagrada Familia
Große römisch-katholische Basilika in Barcelona und eines der Wahrzeichen der Stadt. Der Bau der Kirche begann 1882 nach dem Entwurf des berühmten katalanischen Architekten Antoni Gaudí, ist jedoch bis heute nicht vollendet. In ihr vereinen sich verschiedene architektonische Stile und Einflüsse. In vollendetem Zusand soll sie 18 Türme besitzen, von denen einer mit ca. 170 m Höhe der höchste Kirchturm der Welt wäre. Die *Sagrada Familia* ist eine der touristischen Attraktionen Barcelonas und seit 2005 in Teilen Weltkulturerbe der UNESCO.

la Sierra Nevada 3482 m
Höchstes Gebirge der Iberischen Halbinsel, in der Nähe von Granada in Andalusien gelegen. Der Name bedeutet „schneebedecktes Gebirge". Von November bis Mai ist das Gebirge gewöhnlich mit Schnee bedeckt, weswegen hier auch Wintersport betrieben werden kann.

LATEINAMERIKA

el aimara
Indigene Sprache mit ca. 2,2 Mio. Sprechern in Bolivien, Peru und Chile. Amtssprache in Bolivien und Teilen Perus.

Argentina ca. 40,2 Mio. Einwohner (Buenos Aires, 3 Mio.)
Republik im Süden Südamerikas. Die Hauptstadt ist Buenos Aires, einer der größten Ballungsräume und eines der größten kulturellen Zentren des amerikanischen Kontinents. Die Amtssprache ist Spanisch. Argentinien ist das achtgrößte Land der Welt und erstreckt sich über verschiedene Klima- und Vegetationszonen. Es gehört außerdem zu den wohlhabenderen Ländern Lateinamerikas, gemessen am Pro-Kopf-Bruttoinlandsprodukt. Argentinien ist für den Tango und seine Fußballspieler weltberühmt.

los aztecas
Indigenes Volk, das zwischen dem 14. und dem frühen 16. Jahrhundert in Mexiko lebte. Die Azteken gründeten vermutlich zwischen 1320 und 1350 Tenochtitlán, die Hauptstadt ihres Imperiums, die heute größtenteils unter Mexiko-Stadt begraben liegt, und unterwarfen im Laufe der Jahre umliegende Städte und Völker. Auf dem Höhepunkt ihrer Macht kontrollierten sie schließlich weite Teile Mexikos, bis sie zwischen 1519 und 1521 von den spanischen Eroberern unterworfen wurden.

Bolivia ca. 10 Mio. Einwohner (Sucre, 300 000)
Südamerikanisches Andenland, benannt nach dem venezolanischen Freiheitskämpfer Simón Bolívar. Die offizielle Hauptstadt ist Sucre, die Regierung hat jedoch ihren Sitz in La Paz. Neben Spanisch, Quechua und Aimara sind noch 34 weitere indigene Sprachen als Amtssprachen anerkannt. Den größten Teil der Bevölkerung bilden Angehörige indigener Völker, gefolgt von Mestizen. Bekannt ist Bolivien u. a. für den Titicaca-See in 3810 m Höhe sowie für den Karneval in Oruro, ein religiöses Fest mit Elementen indigener Kulte.

Chile ca. 17 Mio. Einwohner (Santiago de Chile, 5,5 Mio.)
Land im Südwesten Südamerikas, am Pazifischen Ozean gelegen. Die Hauptstadt sowie politisches, wirtschaftliches und kulturelles Zentrum ist Santiago de Chile. Im Großraum Santiago leben etwa 40 % der chilenischen Bevölkerung. Die Amtssprache ist Spanisch, es werden jedoch auch indigene Sprachen gesprochen und im Süden des Landes sogar vereinzelt deutsch. Das Land erstreckt sich über 4300 km in Nord-Süd-Richtung entlang der Anden-Gebirgskette, ist durchschnittlich ca. 180 km breit und erstreckt sich über verschiedene Klima- und Vegetationszonen. Chile zählt zu den wohlhabendsten Ländern Lateinamerikas.

Colombia ca. 45 Mio. Einwohner (Bogotá, 7 Mio.)
Land im Norden Südamerikas. Die Hauptstadt Bogotá liegt 2640 m über dem Meeresspiegel auf einer Hochebene der Anden und ist wirtschaftliches und kulturelles Zentrum des Landes. Die Amtssprache ist Spanisch. Kolumbien gehört zu den artenreichsten Ländern der Erde. Das Land ist seit mehreren Jahrzehnten Schauplatz eines bewaffneten Konflikts zwischen der kolumbianischen Polizei, dem Militär, paramilitärischen Gruppierungen, Guerillagruppen und der Drogenmafia; seit 1964 sind dabei mehr als 200 000 Menschen umgekommen.

la Cordillera de los Andes
Bergkette im Westen Südamerikas, die sich mit einer Länge von 7240 km von Venezuela und Kolumbien durch Ecuador, Peru und Bolivien bis nach Chile und Argentinien zieht. Der höchste Gipfel (cerro Aconcagua in Argentinien) ist 6959 m hoch.

Cortés, Hernán (1485–1547)
Spanischer Eroberer, der von 1519 bis 1521 das Aztekenreich eroberte.

Costa Rica ca. 4,6 Mio. Einwohner (San José, 400 000)
Land in Zentralamerika. Die Hauptstadt San José ist das politische, ökonomische und soziale Zentrum des Landes und eine der sichersten Städte Zentralamerikas. Die Amtssprache ist Spanisch. Im Land herrscht tropisches Klima, knapp 50 % des Territoriums ist mit Wald bedeckt und es existiert eine Vielzahl noch aktiver Vulkane. Costa Rica gilt als das artenreichste Land Lateinamerikas und ist ein beliebtes Reiseland für Touristen, wobei der Ökotourismus eine besondere Rolle spielt.

Ecuador ca. 15 Mio. Einwohner (Quito, 1,4 Mio.)
Land im Nordwesten Südamerikas. In der Hauptstadt Quito findet sich eine große koloniale Altstadt, die 1978 als erste Stadt zum UNESCO Weltkulturerbe erklärt wurde. Neben der Amtssprache Spanisch werden Quechua und weitere indigene Sprachen gesprochen. Ecuador beheimatet eine Vielzahl ethnischer Gruppen und ist auch geographisch und klimatisch eines der vielfältigsten Länder der Erde. Bekannt sind v. a. die zu Ecuador gehörenden Galápagos-Inseln.

los incas
Indigene Volksgruppe und Hochkultur Südamerikas. Ihr Reich erstreckte sich zwischen dem 13. und 16. Jahrhundert vom heutigen Ecuador über Chile bis nach Argentinien und umfasste über 200 ethnische Gruppen. Das Zentrum ihres Imperiums befand sich in Cuzco im heutigen Peru. Die Inka hatten ihr Reich mit einem gut ausgebauten Straßennetz versehen; der bekannteste Inka-Pfad (span. Camino del Inca) befindet sich in Peru und führt zu der weltberühmten Ruinenstadt Machu Picchu. Die Wanderung dauert ca. vier Tage. 1532 wurde das Inka-Reich von den Spaniern unter Francisco Pizarro erobert.

las lenguas mayas
Sprachen, die von den Nachfahren der Maya in Teilen Mittelamerikas gesprochen werden. Es existieren ca. 26 verschiedene Maya-Sprachen, die von über 2 Mio. Sprechern in Mexiko, Belize, Guatemala, Honduras und El Salvador gesprochen werden.

Mafalda
Comic-Figur des argentinischen Zeichners Quino, erstmals 1964 erschienen. Die Mafalda-Comics wurden mit verschiedenen Preisen ausgezeichnet und in mehr als 30 Sprachen übersetzt. Mafalda ist ein kleines Mädchen, das sich auf komische, teils sarkastische Weise gesellschaftskritisch mit seiner Umwelt auseinandersetzt.

los mayas
Indigene Volksgruppe Mittelamerikas. Die Maya erlebten ihre Blütezeit zwischen 600 und 900 n. Chr. und waren vor der Eroberung durch die Spanier ein hochentwickeltes Volk. Sie hatten z. B. einen sehr exakten und bis ins Jahr 2012 reichenden Kalender und ein eigenes Schriftsystem. Beweise ihrer kunstvollen Architektur finden sich in Mittelamerika. Heute leben noch ca. 6 Mio. Maya im Süden Mexikos, in Guatemala, Belize und Honduras in Guatemala z. B. bilden die Maya ca. 40 % der Bevölkerung.

el merengue, la salsa, el reggae
Aus dem karibischen Raum stammende Musik- und Tanzstile, die in Lateinamerika weit verbreitet und sehr beliebt sind. Der Merengue stammt aus der Dominikanischen Republik, die Salsa ursprünglich aus Kuba und der Reggae aus Jamaika. Gemeinsam sind den drei Musikrichtungen ihre teilweise sozialkritischen Texte.

México ca. 110 Mio. Einwohner (México D.F., 8,8 Mio.)
Bevölkerungsreichstes spanischsprachiges Land der Welt, im Süden Nordamerikas gelegen. Die Hauptstadt sowie wirtschaftlicher, kultureller und sozialer Mittelpunkt des Landes ist México D. F. Einzige Amtssprache ist Spanisch, seit 2003 sind je-

D

doch 62 indigene Sprachen als Nationalsprachen anerkannt. Die Landschaft ist sehr vielfältig und reicht von Hochgebirgen und Vulkanen über Wüsten bis hin zu tropischen Wäldern. Ein beliebtes Urlaubsziel ist die auf der Halbinsel Yucatán in der Karibik gelegene Stadt Cancún.

el náhuatl
Die Sprache der Azteken. Heute gibt es noch ca. 1,5 Mio. Sprecher in Mexiko. Sie wird außerdem von Teilen der indigenen Bevölkerung in El Salvador, Guatemala sowie in den USA gesprochen. Viele spanische Wörter leiten sich aus dem náhuatl ab, z. B. *chocolate* und *tomate*.

la Panamericana
System von Schnellstraßen, das Nord-, Mittel- und Südamerika durchzieht und fast lückenlos von Alaska bis Argentinien reicht. Insgesamt umfasst die Panamericana ca. 48 000 km Schnellstraße.

Perú ca. 30 Mio. Einwohner (Lima, 7,6 Mio.)
Südamerikanisches Land an der Pazifik-Küste. Die Hauptstadt ist Lima. Amtssprache ist Spanisch; Quechua, Aimara und andere indigene Sprachen haben kooffiziellen Status. Die Bevölkerung ist größtenteils indigen, gefolgt von Mestizen. Weltberühmt sind die zahlreichen Hinterlassenschaften der Inkakultur, u. a. in Cuzco und Machu Picchu.

PRI
Kurz für *Partido Revolucionario Institucional*, eine politische Partei Mexikos und Mitglied in der Sozialistischen Internationale. Die PRI wurde 1929 gegründet und war bis 2000 dominierende Partei in Mexiko. In diesem Zeitraum stellte sie sämtliche Staatspräsidenten sowie einen Großteil der Senatoren und Gouverneure, was zum Teil auf groß angelegte Manipulationen der politischen Wahlen zurückzuführen ist.

el quechua
Sprache bzw. Sprachfamilie der Ureinwohner im Andenraum Südamerikas. Quechua wird in Chile, Kolumbien, Brasilien, Argentinien, Bolivien, Peru und Ecuador gesprochen, wobei es in den drei letztgenannten Ländern den Status einer Amtssprache hat. Mit über 7 Mio. Sprechern ist Quechua die meistgesprochene indigene Sprache Südamerikas.

la Revolución Mexicana (1910–1917)
Gegen die diktatorische Herrschaft des mexikanischen Präsidenten Porfirio Díaz gerichtete Aufstandsbewegung. Unter Díaz hatte die mittellose Bauernbevölkerung kaum Rechte. Die bekanntesten Anführer der Mexikanischen Revolution waren der Bauernführer Emiliano Zapata und der Bandit und Rebellenführer Pancho Villa. Sie kämpften unter der Parole *Tierra y Libertad* (dt. Land und Freiheit) für die Rechte der Landbevölkerung und für die Verteilung der Großländereien an die landlosen Bauern. Beide wurden zu Volkshelden, kamen jedoch durch Attentate ums Leben.

Teotihuacan
Ehemalige Stadt und heutige Ruinenstätte nahe Mexiko-Stadt. Ehemals kulturelles, wirtschaftliches und militärisches Zentrum Mesoamerikas und zu ihrer Blütezeit mit vermutlich über 200 000 Einwohnern die größte Stadt Amerikas und eine der größten weltweit. Die Stadt wurde von den Azteken, die ihr auch ihren heutigen Namen gaben, als Geburtsort ihrer Götter verehrt. Um 750 n. Chr. wurde Teotihuacán aus bisher ungeklärten Ursachen größtenteils verlassen.

TLCAN
Kurz für *Tratado de Libre Comercio de América del Norte* (dt. Nordamerikanisches Freihandelsabkommen). Wirtschaftsverbund zwischen Mexiko, Kanada und den USA, gegründet 1994. In der Freihandelszone wurden zur Ankurbelung des Handels zahlreiche Zölle abgeschafft. Kritik daran kommt v. a. von sozialen und gewerkschaftlichen Organisationen aufgrund der Verlagerung von Arbeitsplätzen nach Mexiko zur Einsparung von Lohnkosten und aufgrund des unfairen Wettbewerbs, dem mexikanische Landwirte wegen der hohen staatlichen Zuschüsse für US-Farmer ausgesetzt sind. Andererseits konnte Mexiko durch das TCLAN seine Exporte in die USA vervielfachen, Arbeitsplätze schaffen und seine Wettbewerbsfähigkeit steigern.

Uruguay ca. 3,5 Mio. Einwohner (Montevideo, 1,5 Mio.)
Staat in Südamerika am Atlantischen Ozean. Die Hauptstadt ist Montevideo; sie gehört zu den Städten mit der höchsten Lebensqualität in Lateinamerika. Uruguay ist das kleinste spanischsprachige Land in Südamerika.